Balanced Christianity

존 스토트의 균형 잡힌 기독교

Copyright ⓒ 새물결플러스 2011

Copyright ⓒ 1975 by John R. W. Stott
Originally published in English under the title *Balanced Christianity*
This Korean edition is translated and used by permission of John R. W. Stott through arrangement of rMaeng2, Seoul, Republic of Korea.
This Korean edition Copyright ⓒ 2011 by Holy Wave Plus Publishing Company

이 한국어판의 저작권은 알맹2를 통하여 John Stott와 독점 계약한 새물결플러스에 있습니다. 신 저작권법에 의하여 한국 내에서 보호받는 저작물이므로 무단전재와 무단복제를 금합니다.

존 스토트의 균형 잡힌 기독교

존 스토트 지음 | 정지영 옮김

차 례

서 문 … 7

1. 일치, 자유, 사랑 … 11

2. 지성과 감성 … 21

3. 보수와 진보 … 39

4. 형식과 자유 … 61

5. 복음전도와 사회참여 … 71

주 … 86

원 문 … 89

서문

오래전부터 나는 복음적인 그리스도인들의 분열에 관해 존 스토트와 의견을 같이해왔다. 그는 복음적인 그리스도인들의 분열을 조장하는 오늘날의 문제점들을 정확하게 포착하고 있다. 존 스토트는 영국 복음주의 연맹의 회장직을 맡고 있는 동안, 우리의 영향력 있는 증거를 혼란스럽게 만드는 이러한 분열에 대한 다양한 견해에 주의를 기울여왔으며, 언제 들어도 결코 지나치지 않을 "본질적인 것에는 일치를, 비본질적인 것에는 자유를, 모든 것에 사랑을"이라는 격언을 분명하게 천명해왔다. 균형을 잡는 것이 결코 쉬운 일이 아니라는 사실을 우리는 잘 알고 있다. 이는 기독교 교회의 역사가 증거하는 바이기도 하다. 여러 세대 속에서 발흥했던 다양한 운동들은 당시의 신학들을 보완하기 위해 일어난 것이었다.

현재 우리는 지금까지 일어났던 변화와는 비교할 수 없을 정도로 빠른 변화를 목격하고 있다. 이러한 급격한 변화는 우리 사회의 구조뿐 아니라 기독교 교회에도 영향을 미치고 있다. 우리의 앞 세대들이 따랐던 전통에 대한 일종의 반발이 일어나고 있는 것이다. 이는 주변 상황을 살펴보면 쉽게 알 수 있다. 예를 들면 성령이 삼위일체 하나님 중에서 가장 소홀히 여겨지던 때가 있었는데, 이제는 반대로 많은 사람들이 성령과 성령의 은사에 온통 마음을 빼앗기고 있다. 빌리 그레이엄의 주도 아래 개인 구원에 대한 강조가 확산되었던 적이 있는데, 지금은 복음의 사회적 책임에 대한 강조가 새롭게 일어나고 있다. 이러한 변화의 시대를 살아가는 것은 흥미진진한 일이다. 그러나 그것은 또한 위기의 시간이기도 하다. 상당한 분별력을 요구하는 때이기 때문이다. 만일 우리가 분별력을 갖지 못한다면 우리는 자칫 아기를 목욕물과 함께 버리는 실수를 저지르게 될 것이다. 존 스토트가 지적한 대로 우리는 모든 것에 보수적인 견해만을 고집하려는 보수주의자가 아니라, 분별력을 가진 보존주의자가 되어야 한다. 또 동시에 변화가 요청되는 곳에서는 과감하게 변할 줄 아는 진보주의자가 되어야 한다. 우리 주위에 지식 없는 열심으로 성경의 진리들을 저버리는 실수를 저지르는 사람들이 얼마나 많은가! 우리는 이런 식으로 복음의 의미를 흐려놓는 "장로들의 유전"을 성경적으로 평가할 줄 알아야 한다. 우리는 예수님의 주요 적대자들이 당대의 종교 지도자들이었다는 사실을 기억할 필요가 있다. 그들의 주된 관심사는 살아 있는 믿음을 전하는 것에 있지 않고, 이전 상태를 유지·보수하는 것에 있었다.

논쟁적인 문제가 야기되면 양쪽 모두를 고려하지 못하고 어느 한편의 논리만을 전개하기 쉽다. 기독교 신앙에 대한 지적인 접근은 감정을 배제시키곤 하고, 또 성경의 진리를 이해하는 데 보수적인 그리스도인은 진보적인 방법을 멸시하기도 한다. 전통적인 예배 형식이나 조직적인 교회를 꼭 배격해야 하는 것이 아닌 것처럼, 영원한 생명에 관심을 가져야 한다는 이유로 현재의 물질적이며 육체적인 필요에 무관심해서는 안 된다. 개인 구원을 강조하는 것이 사회 문제에 관심을 갖지 않아야 한다는 뜻은 아니기 때문이다.

존 스토트는 균형을 잃어버린 복음적인 그리스도인들을 향해 지혜로운 소리를 들려준다. 바울이 모든 영적인 은사들 중에서 가장 사모해야 할 은사 중 하나로 분별의 은사를 제시한 것을 우리는 기억할 필요가 있다. 그리고 성경이 말하는 바와는 다른 수많은 목소리들이 우리 귀를 파고들기 때문에 그것들에 주의를 기울여서도 안 된다. 급변하는 시대 가운데 익숙했던 것에 그저 안주하려는 것은 아닌지, 변화에 대한 욕구에 심취해 그저 변화를 위한 변화를 추구하는 것은 아닌지, 하나님의 뜻이 과연 어디에 있는지 분별하는 그리스도인들이 이 책을 통해 많아지길 바란다.

길버트 커비, 런던 신학교 전 학장

1. 일치, 자유, 사랑

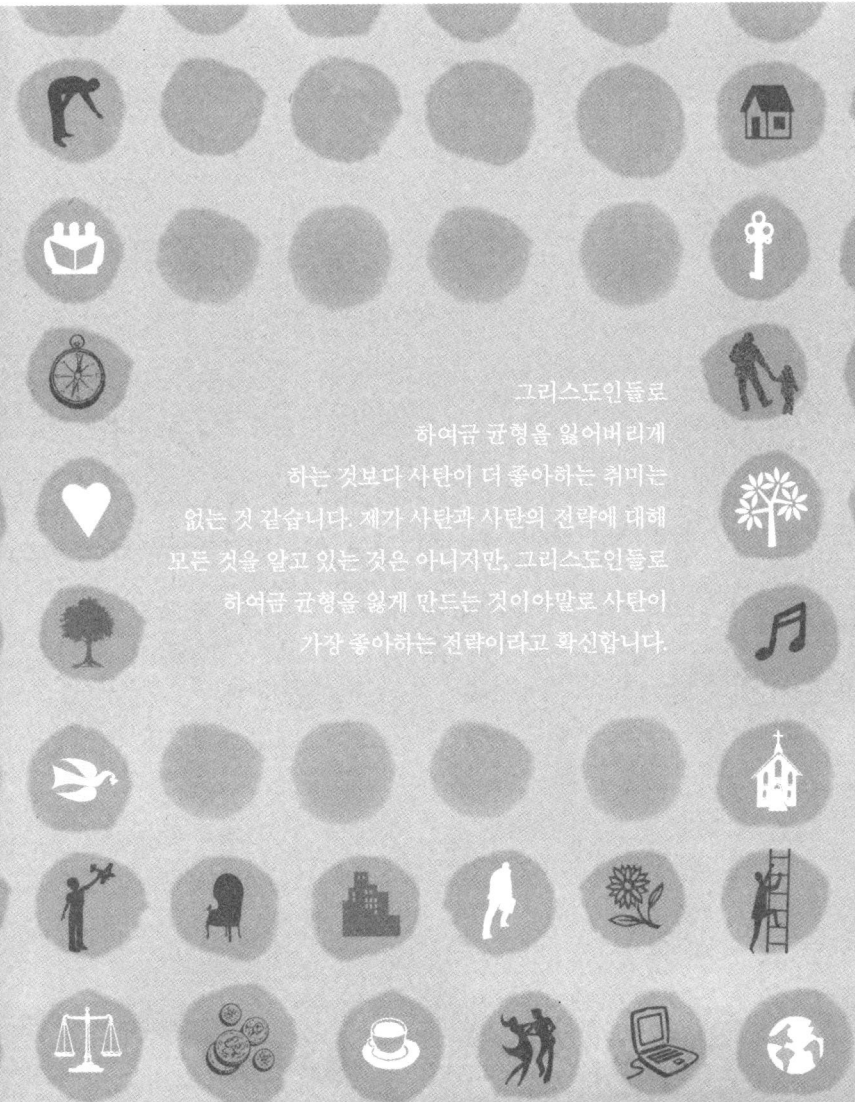

그리스도인들로
하여금 균형을 잃어버리게
하는 것보다 사탄이 더 좋아하는 취미는
없는 것 같습니다. 제가 사탄과 사탄의 전략에 대해
모든 것을 알고 있는 것은 아니지만, 그리스도인들로
하여금 균형을 잃게 만드는 것이야말로 사탄이
가장 좋아하는 전략이라고 확신합니다.

저는 기독교가 오늘날 직면한 커다란 비극 중 하나에 여러분의 주의를 환기시키고자 합니다. 그 비극이란 특히 복음적인 그리스도인이라고 자처하는 우리들이 안고 있는 문제입니다. 이 비극을 한마디로 말하면 "양극화"라고 할 수 있습니다만, 이것이 의미하는 바가 무엇인지에 대해서는 좀더 상세한 설명이 필요합니다.

이 비극은 역사적이며 성경적인 기독교에 대한 우리의 확고한 동의를 배경으로 하고 있습니다. 기독교 신앙의 근본 진리에 있어서 그리스도인의 하나됨은 중요하고 또 영광스러운 일입니다. 우리는 우리의 아버지이시며 무한하시고 인격적이시며 거룩하신 창조주이시자 만유를 붙들고 계신 하나님을 믿습니다. 그리고 하나님이신 동시에 인간이신 예수 그리스도를 믿으며, 그분의 동정녀 탄생과 성육신, 권위 있는 가르침과 대속적 죽음, 부활의 역사성과 다시 오심을 믿습니다. 또한 우리는 성령을 믿으며, 성경이 성령의 특별한 영감으로 기록된 것과 성령의 특별한 은혜로 죄인들이 의롭다 하심을 입어 거듭나며, 그리스도의 형상을 닮아가고, 교회의 지체가 되어 세상을 섬기도록 보냄 받은 것을 믿습니다. 하나님의 은혜로 말미암아 우리는 이 교리와 다른 위대한 성경적 교리들 위에 견고히 그리고 함께 서 있습니다.

그러나 우리는 하나 되지 못하고 있습니다. 우리는 중요하지 않은 문제로 분열되어 있습니다. 우리를 분열시키는 문제들 중 어떤 것은 신학적이며 어떤 것은 기질적입니다. 예를 들면 우리는 신학적으로 하나님의 주권과 인간의 책임에 관한 문제에서 일치하지 않을 수 있습니다. 감리교나 장로교 또는 어디에도 소속되지 않은 독립 교파들이 교회의 직분과 목회 사역에 대해 다른 견해를 가질 수도 있습니다. 또 복음적인 그리스도인들이 자신의 신앙을 타협하지 않고서 교리적으로 혼합된 교파와 어떤 관계를 맺어야 하는지에 관해서도 의견을 달리할 수 있습니다. 교회와 국가의 관계에 대해서, 세례를 줄 수 있는 자격에 대해서도 의견이 다를 수 있습니다. 또는 예언이나 영적인 은사들 가운데 수용할 수 있는 은사는 어떤 것이며, 그중에 가장 중요한 은사는 어떤 것인지에 대해서도 의견이 서로 다를 수 있습니다. 경건하면서도 성경적인 그리스도인들이 서로 의견 일치를 보지 못한 문제들이 분명 존재하는데, 종교개혁자들은 이런 문제들을 아디아포라(*adiaphora*), 즉 "중요하지 않은" 문제들이라고 불렀습니다. 이런 문제들에 대해 우리는 자신에게 주어진 성령의 조명을 따라 성경에서 얻은 확신을 관철시키고 싶겠지만, 다른 그리스도인들의 양심에 자신의 입장을 독단적으로 강요하지 말고, 서로 사랑과 존경으로 각자의 자유를 인정해야 합니다. 루퍼트 멜데니우스(Rupert Meldenius)가 했던 말로 추측되지만, 리처드 박스터(Richard Baxter)에 의해 널리 알려진 격언 하나를 인용하는 것이 좋을 것 같습니다.

본질적인 것에는 일치를,

비본질적인 것에는 자유를,

모든 것에 사랑을.

우리는 기질 차이로 인해 서로 분열하기도 합니다. 하나님이 다양함을 기뻐하신다는 사실과 그분이 사람들의 유형과 기질, 개성을 다양하게 창조하셨다는 사실을 우리는 잊어버리곤 합니다. 우리의 기질은 우리가 알고 인정하는 것보다 신학에 더 많은 영향을 미치기도 합니다. 성경 진리에 대한 우리의 이해는 성령의 조명에 의존해 있기는 하지만 우리의 성향과 우리가 살고 있는 시대, 그리고 우리가 속해 있는 문화에 필연적으로 영향을 받습니다. 타고난 성향과 후천적 교육에 따라 어떤 사람은 감성적인 면보다는 지성적인 면이 우월하기도 하고, 또 어떤 사람은 지성적인 면보다는 감성적인 면이 강하게 나타나기도 합니다. 어떤 사람은 태어날 때부터 보수적으로 생각합니다. 그들은 변화를 싫어하고 그러한 변화에 위협을 느낍니다. 이와는 반대로 전통적인 것에 반감을 갖는 사람들도 있습니다. 그들은 천편일률적인 것을 싫어하며 변화를 선호합니다. 이런 문제들은 근본적으로 기질 차이에서 생기는 것들입니다. 그러나 우리는 우리의 기질이 우리 자신을 통제하도록 해서는 안 됩니다. 오히려 성경이 우리의 천성적인 기질을 판단하고 통제하도록 해야 합니다. 그렇지 않으면 그리스도인은 균형을 잃어버리게 됩니다.

이 책의 제목은 "균형 잡힌 기독교"입니다. 우리 그리스도인들, 특히 복음적인 그리스도인들에게서 자주 발견되는 가장 큰 약점이 극단적이 되거나 균형을 잃어버리는 경향이기 때문입니다. 그리스도인들로 하여금 균형을 잃어버리게 하는 것보다 사탄이 더 좋아하는 취미는 없는 것 같습니다. 제가 사탄과 사탄의 전략에 대해 모든 것을 알고 있는 것은 아니지만, 그리스도인들로 하여금 균형을 잃게 만드는 것이야말로 사탄이 가장 좋아하는 전략이라고 확신합니다. 우리는 사탄이 균형 잡는 것을 싫어하는 것만큼 균형감에 애정을 가져야 하며, 사탄이 이를 방해하기 위해 힘쓰는 것만큼 균형감을 증진시키기 위해 애써야 합니다.

진리의 어느 한쪽 끝에만 머물기를 좋아하는 우리의 모습을 가리키기 위해 저는 "균형을 잃어버림"이라는 표현을 쓰고 있습니다. 만일 우리가 양극단을 동시에 볼 수 있다면, 성경에 근거한 건전한 균형감을 보여줄 수 있을 것입니다. 그러나 우리는 언제나 어느 한쪽으로 치우치곤 합니다. 마치 아브라함과 롯이 갈라서듯 말입니다. 우리는 다른 사람을 한쪽 극단으로 밀어내고 자신은 그 반대편에 서려고만 합니다.

신학적인 면에서 볼 때, 케임브리지 킹스 칼리지의 참사원이자 홀리 트리니티 교회의 교구 목회자였던 찰스 시므온(Charle Simeon)보다 이러한 위험을 분명하게 경고했던 역사적 인물은 영국 성공회 내에 없었습니다. 찰스 시므온은 1825년에 한 동료에게 보낸 편지에서 사도 바울과의 가상의 대화를 통해 이를 설명합니다.

진리는 중간에 있는 것도, 어느 한쪽 극단에 있는 것도 아닙니다. 진리는 양쪽 극단 모두에 있습니다. 칼빈주의와 아르미니우스주의, 두 극단을 생각해보십시오.

"바울 선생님, 당신은 이 문제에 대해 어떻게 생각하십니까, 중도입니까?"
"아닙니다!"
"그러면 저쪽 편인가요?"
"아닙니다."
"그러면 둘 중 어느 편입니까?"
"저는 양쪽 다입니다. 저는 오늘은 강경한 칼빈주의자이지만 내일은 또 강경한 아르미니우스주의자입니다."
"뭐라구요? 바울 선생님, 제정신이 아니군요. 선생님은 아리스토텔레스에게 중용이란 것을 배우셔야 할 것 같습니다."

시므온은 계속해서 다음과 같이 말합니다.

형제여, 내가 전에 아리스토텔레스의 글을 읽었을 때 나는 정말 그를 좋아했습니다. 그러나 바울의 글을 읽은 후로는 나는 그의 생각에 완전히 사로잡혀버렸습니다. 양쪽 모두를 두루 아우르는 (중심 없이 흔들리는 것이 아니라) 생각에 말입니다. 어떤 때 나는 강경한 칼빈주의자가 되었다가도, 어떤 때에는 유연한 아르미니우스주의자가 되기도 합니다. 만약 당신이 극단을 좋아한다면 내가 바로 그런 사람입니다. 그러나 이것만은 기억해주길 바랍니다. 우리가 가야 할 곳은 한쪽 극단이 아니라 양쪽 모두입니다.[1]

시므온의 말은 오늘날 우리를 위한 지혜입니다. 우리는 신학적으로든 기질적으로든 한쪽 극단으로 치우치는 것을 피해야 합니다. 그러면 이제 불필요한 네 가지 양극화의 어리석음에 대해 이야기해보겠습니다.

2. 지성과 감성

존 웨슬리(John Wesley)는 초창기에
어떤 비평가에게 다음과 같이 말했습니다.
이성을 거부하는 것은 기독교를 거부하는 것이다.
기독교와 이성은 함께하는 것이며, 모든 비이성적인
기독교는 거짓된 기독교라는 것이 근본적인 원리이다.

첫 번째 양극화는 지성과 감성에 관한 것입니다. 너무 차가울 정도로 지적인 그리스도인들이 있습니다. 그런 사람들은 인간은 고사하고 동물의 피가 흐르는지조차 의문이 들 정도입니다. 그런가 하면 너무 감정적이어서 지적인 기능이 있는지 의심스러운 그리스도인들도 있습니다.

두 극단 중에 반지성주의, 즉 감정주의에 사로잡히는 것이 더 큰 위험을 갖고 있다고 저는 생각합니다. 우리는 이것을 전도 설교에서 볼 수 있는데, 이런 설교는 순전히 감정적인 결단에 호소할 뿐 사도들이 했던 것처럼 복음을 선포하거나 성경을 근거로 이성을 가지고 사람들과 씨름하지 않습니다.

이런 경향은 생생하고 직접적이며 감정적인 경험을 요구하는 현대인들의 욕구 속에서, 그리고 경험을 진리의 표준으로 떠받드는 것에서 분명하게 드러납니다. 진리가 언제나 경험의 표준이 되어야 하는데도 말입니다.

이런 경향은 세속적인 실존주의가 어중간하게 기독교화된 것으로 매우 염려스러운 부분입니다. 이것은 자신의 진정성을 위협하는 부과된 모든 관습과 질서와 생활 방식으로부터 우리가 벗어나야 한다는, "본래적 실존"과 "비본래적 실존" 사이를 구분한 마르틴 하이데거(Martin Heidegger)의 사상이 대중의 의식에 스며든 것입니다. 이는 우리는 우리 자신이기를 선택해야 하고 우리 자신에게 참되게 보이는 것만을 생각하고 행동해야 한다는 주장입니다. 한 번은 어떤 젊은 그리스도인들이 이 원리에 입각해 다음과 같이 말하는 것을 들은 적이 있습니다. "내가 어떤 교리를 믿는 것은 그 교리가 성경에 있기 때문이 아니라, 그 교리가 진정성 있는 존재로 내게 다가오기 때문입니다. 교회에 가는 것이나 성경을 읽는 것, 기도하는 것도 그리스도인으로서 당연히 해야 할 의무이기 때문이 아니라,

그런 일들을 하고 싶다는 느낌이 들기 때문에 행하는 것입니다. '이웃을 사랑하라'(원수는 그만두고라도)고 명령하셨기 때문이 아니라, 성령이 이웃과의 사랑의 관계를 본래적이고 실제적으로 만든다고 느끼기 때문에 나는 사랑하려고 합니다."

실존적인 경험에 대한 최근의 강조와 함께 지성을 불신하고 경시하는 풍조가 일고 있습니다. 지성을 가볍게 여기는 최근의 이런 경향은 적어도 현재 미국의 주요 특징 중 하나입니다. 이것이 리처드 홉스태터(Richard Hofstadter)가 그의 책 『미국의 반지성주의』(*Anti-Intellectualism in American Life*)에서 지적했던 내용입니다. 그리고 그 대표적인 실례를 리처드 닉슨(Richard Nixon)의 대통령 선거에 관한 조 맥기니스(Joe McGinniss)의 책 『대통령을 팝니다』(*The Selling of the President*)에서 볼 수 있습니다. 선거 관계자들은 리처드 닉슨이 대통령 선거에서 존 F. 케네디(John Kennedy)에게 완패한 원인이 케네디가 텔레비전에서 훨씬 좋은 이미지를 얻었기 때문이라고 확신했습니다. 그래서 그들은 마샬 맥루한(Mashall McLuhan)을 불러 어떻게 하면 "전자 프로젝트"에서 닉슨이 승리할 수 있는지, 어떻게 하면 그의 건조하고 유머 없는 칙칙한 변호사 이미지를 따뜻하고 활력 있는 이미지로 바꿀 수 있는지 자문을 구했습니다. 맥루한은 정치란 "최소한으로만 합리적인 학문"일 뿐이라고 주장하며, 선거란 이슈가 아니라 이미지 싸움이라고 강조했습니다. 그리고 "유권자들이 그 사람을 좋아하도록 만들어" 기어코 닉슨이 선거에서 승리하게 만들었습니다.

교육을 받은 사람들이 정치적 책임을 포기한 채 주요 정책에 대한 토론보다 자신의 느낌에 따라 후보를 결정하고 투표하는 것은 물론 매우 걱정스러운 일입니다. 그런데 이와 같은 반지성주의는 교회 안에서 훨씬 더 심각합니다. 성경은 우리의 이성이 우리를 창조하신 하나님의 형상의 일부라고 말합니다. 우리를 이성적인 존재로 만드시고 우리에게 합리적인 계시를 주신 하나님은 이성적인 분이십니다. 따라서 이성을 부인하는 것은 인간성을 부인하는 것이며 인간 이하의 존재가 되겠다는 것과 다름없는 것입니다. 성경은 "무지한" 말이나 노새처럼 행동하지 말고 지혜에 있어서 "장성한" 사람이 되라고 명령하고 있습니다(시편 32:9; 고린도전서 14:20). 사실, 성경은 그리스도인이

지성을 사용하지 않고 그리스도인의 삶을 살아간다는 것은 불가능하다고 말합니다.[1]

이를 신앙 훈련에 관한 실례를 들어 설명해보겠습니다. 많은 사람들이 신앙은 이성과는 아무런 상관이 없다고 생각하곤 합니다. 그러나 성경은 신앙과 이성을 결코 양립할 수 없는 대립적인 개념이라고 말하지 않습니다. 오히려 신앙은 우리가 지성을 활용할 때 더욱 성장한다고 말합니다. "여호와여, 주의 이름을 아는 자는 주를 의지하오리니"(시편 9:10). 그리스도인의 믿음은 하나님의 성품이 신뢰할 만하다는 지식으로부터 나옵니다. "주께서 심지가 견고한 자를 평강하고 평강하도록 지키시리니 이는 그가 주를 의뢰함이니이다"(이사야 26:3). 이 구절은 하나님을 의뢰하는 것과 하나님을 향해 지성을 고정시키는 것을 같은 것으로 말하고 있습니다. 온전한 평강은 하나님을 아는 것의 결과로 얻어지는 것입니다.

성경이 그리스도인의 삶에 있어서 지성을 이처럼 강조하고 있는 것을 미루어 볼 때, 감정을 중시하는 오늘날의 반지성주의에 대해 우리는 무어라고 말할 수 있겠습니까? 우리는 그들이 자신을 세속적인 그리스도인이라고 스스로 말하고 있다고밖에 설명할 수 없습니다. "세속주의"란 (제가 믿기로는) 술이나 담배, 춤이나 화장, 영화나 미니스커트에 관한 문제가 아니라 시대정신에 관한 문제이기 때문입니다. 우리가 이 세상의 풍조(이 경우에는 실존주의)를 분별력 없이 흡수하고 성경의 엄격한 기준에 따라 비판하지 않는다면, 우리는 이미 "세속적인" 그리스도인인 것입니다.

존 웨슬리(John Wesley)는 초창기에 어떤 비평가에게 다음과 같이 말했습니다.

이성을 거부하는 것은 기독교를 거부하는 것이다. 기독교와 이성은 함께하는 것이며, 모든 비이성적인 기독교는 거짓된 기독교라는 것이 근본적인 원리이다.[2]

그러나 저는 여기에 반지성주의가 위험스러운 것만큼 그 반대편의 극단으로 치우치는 것 또한 위험하다는 사실을 덧붙이고 싶습니다. 메마르고 생명력 없는 초지성주의(hyper-intellectualism), 곧 정통에 대한 배타적인 집착은 신약성경이 말하는 기독교가 아닙니다. 초대교회 그리스도인들은 예수 그리스도를 깊이 체험한 사람들이었습니다. "내 주 그리스도 예수를 아는 지식이 가장 고상"하다고 말하는 사도 바울(빌립보서 3:8)과 그리스도인들이 "말할 수 없는 영광스러운 즐거움으로 기뻐"한다는 사도 베드로(베드로전서 1:8)의 말을 생각하면, 그리스도인이 우울하거나 감정이 메마른 사람들이었다는 비난은 당치 않음을 우리는 알 수 있습니다.

하나님은 우리를 이성적인 존재로 만드셨던 것만큼 감성적인 존재로도 창조하셨습니다. 우리는 그저 따뜻한 피를 가진 포유류가 아니라, 인간으로서 사랑과 분노, 연민과 슬픔, 경외감을 깊이 느낄 줄 아는 존재입니다. 이것을 특히 강조하는 이유는 제가 자라나며 받아온 교육이 이런 진리를 중요하게 가르치지 않았기 때문입니다. 그렇다고 교육을 싸잡아 비난하고 싶지는 않습니다. 왜냐하면 교육이 우리에게 준 유익들이 굉장히 많다는 것을 누구보다 제가 잘 알고 있기 때문입니다. 그럼에도 불구하고 저는 소위 "불굴의 정신" (stiff upper lip)이라는 영국 사립학교 교육의 전통적인 가르침을 비판하지 않을 수 없습니다. 내면의 감정이 윗입술이 떨리는 것으로 가장 먼저 드러나기 때문에 윗입술을 굳게 다문다는 것은 감정을 최대한 억제하고 용기와 강인함과 자제력 같은 덕목(여성적이기보다는 남성적인)을 배양한다는 뜻입니다. 남자는 여자나 어린아이들과는 달리 다른 사람들 앞에서 눈물을 보여서는 안 된다는 것입니다. 그러나 신약성경을 읽어보면 우리는 예수님이 자신의 감정을 전혀 부끄러워하지 않고 표현하셨다는 사실을 발견하게 됩니다. 신약성경은 예수님이 많은 사람들 앞에서 눈물을 보이셨다는 두 가지 이야기를 전해줍니다.

한 번은 사랑하는 나사로의 무덤가에서, 그리고 다른 한 번은 멸망이 임박한 예루살렘 성을 보면서 눈물을 흘리신 예수님에 대해 이야기합니다. 예수님은 제가 학교에서 배웠던 일반적인 가르침과는 전혀 다르게 행동하셨던 것입니다.

지성을 부인하는 것만큼 우리의 감성을 부인하는 것 또한 매우 위험합니다. 그러나 많은 사람들이 자신의 감정을 부인하려고 합니다. 앨빈 토플러(Alvin Toffler)는 소위 "미래 충격"이라는 증상을 다룬 책에서 크레타 섬의 작은 해변에 위치한 마을에 살고 있는 젊은 미국인들에 관한 이야기를 들려줍니다. 그 마을에는 40-50개 정도의 동굴이 있는데, 그 동굴에는 급변하는 복잡한 현대 생활에 지쳐 그곳으로 도망쳐 은둔하고 있는 젊은이들로 가득 차 있었습니다. 한번은 한 기자가 그들을 방문해 로버트 케네디(Robert Kennedy) 상원 의원이 암살되었다고 전해주자, 그 젊은이들의 반응은 침묵뿐이었다고 합니다.

흥분이나 분노, 눈물 같은 것은 어디에도 없었다. 이것은 새로운 현상인가? 현대 사회로부터 도피하고 감정으로부터도 도피한 것인가? 어디에도 개입하려 하지 않거나 어떤 것에도 흥미를 느끼지 않는 이들을 충분히 이해할 수 있다. 그러나 감정은 어디로 사라져 버렸는가?[3]

우리 사회의 "황무지" 살해의 새디즘적 공포에 대해 보도했던 파멜라 핸스포드 존슨(Pamela Hansford Johnson)은 기사에서

"이익이나 즐거움을 위해 살인을 저지른 사람들에게는 심리학자들이 말하는 정서, 즉 타인의 감정을 공감할 줄 아는 능력이 결핍되어 있다"라고 말합니다. 그녀는 계속해서 다음과 같이 보도합니다.

오늘날 우리는 정서가 메마른 사회, 즉 나 이외의 다른 누구에게도 관심이 없으며 순간적이며 자기 중심적인 만족 이외에는 어떤 것에도 무관심한 사회를 만들어낼 위기에 직면해 있다. 우리는 사랑 없는 성관계, 스트레스 해소를 위한 폭력에 길들어 있다. 감정을 둔화시키고 있는 것이다.[4]

우리 사회를 정서적으로 메마르게 만든 주요 원인 중 하나는 텔레비전입니다. 텔레비전은 우리의 감정을 자극하는 감당하기 어려운 폭력과 잔인하고 극단적인 장면들을 끊임없이 집 안으로 공급하고 있기 때문입니다. 그렇기 때문에 우리는 둘 중 하나를 행해야 합니다. 일어나 텔레비전 전원을 내리든지, 아니면 더 나쁜 일, 즉 내면의 전원을 내려도 이미지들이 계속해서 우리 머릿속을 떠다니도록 방치하든지 둘 중 하나를 선택해야 합니다.

우리가 텔레비전을 계속 시청한다면 결국 우리는 어떤 식으로든 정서적으로 무감각하게 될 것입니다.

제 개인적인 경험을 여러분에게 들려주고 싶습니다. 텔레비전이 아니라 로열 알버트 홀에서 열렸던 헨델의 메시아 연주를 관람하면서 했던 경험입니다. 헨델의 오라토리오의 합창 할렐루야가 "또 주가 길이 다스리시네 (또 주가 길이 다스리시네) 왕의 왕 (할렐루야) 또 주의 주 (할렐루야)"로 절정에 이르고 아멘으로 장엄하게 대미(大尾)가 장식되었을 때 저는 전율하는 감동을 느꼈습니다. 그렇게 합창이 끝나자 청중들은 모두 일어나 우레와 같은 박수를 보냈습니다. 그것은 지휘자와 합창단, 오케스트라와 솔리스트들에게 찬사를 보내는 가장 합당한 방법입니다. 그러나 박수를 다 치고 나서 사람들은 언제 그랬느냐는 듯이 모자와 외투를 집어들고는 웃고 떠들면서 연주회장을 빠져나갔습니다. 하지만 저는 그 자리를 그렇게 쉽게 떠날 수 없었습니다. 이렇게 말하면 건방진 것일까요? 저는 천국에, 영원 속에 그리고 위대한 왕이신 그분의 임재 안에 있는 것 같았습니다. 그저 오케스트라에 박수를 치는 것으로 만족할 수 없었습니다. 저는 그 자리에서 머리를 숙여 하나님을 경배하고 싶었습니다. 제가 종교적인 감성에 취해 과도하게 반응했던 것일까요? 아니면 오라토리오를 듣거나 예배에 아무런 감정도 없이 참석하는 사람들이 이상하다고 말하는 제가 정당한 걸까요? 저는 지금 감정주의에 호소하고 있는 것이 아닙니다. 감정주의란 인위적이고 과장된 가식에 불과한 것이기 때문입니다. 그러나 감정이란 자연스럽게 일어나는 어떤 느낌 같은 것으로 억제할 것이 아니라 당연히 표출되어야 하는 정당한 표현입니다.

그렇다면 지성과 감성 사이의 올바른 관계란 무엇일까요? 모하메드 이크발(Muhammad Iqbal)은 법률가이자 시인으로 이슬람 연맹의 회장이었던 인물입니다. 파키스탄 독립을 위한 길을 닦았던 그는 동양과 서양의 새로운 영적 이해를 도모하기 위한 자신의 시에서 다음과 같이 말했습니다.

서쪽에서 지성은 생명의 원천,
동쪽에서 사랑은 생명의 토대.

사랑을 통해 지성은 자라나 실재와 가까워지고
지성은 사랑의 역사를 견고케 하나니.
일어나 새로운 세상의 터를 마련하여라,
지성과 사랑의 결합을 통해서.

멋진 말입니다. 그러나 지성이 서양만의 특권은 아닙니다. 사랑(또는 감성)도 동양만의 특권이 아닙니다. 둘 중 어느 한쪽을 더 많이 갖고 있는 나라나 민족이 존재할 수는 있지만 지성과 감성은 어떤 기질이나 문화에 국한되는 것이 아닙니다. 지성과 사랑 둘 다 하나님이 창조하신 인간성의 한 부분이기 때문입니다. 그러므로 지성과 감정 모두 본래적 인간의 경험에 속한 것입니다.

그러나 무엇보다 진리만큼 우리의 마음을 뜨겁게 하는 것은 없습니다. 진리는 차가운 것도 아니며 메마른 것도 아닙니다. 진리는 오히려 따뜻하고 열정적인 것입니다. 하나님의 진리에 대한 새로운 비전이 우리에게 열리게 되면 우리는 그저 바라보고만 있을 수 없습니다. 우리는 그것에 대해 후회하거나,

분노하거나, 사랑하거나, 경배하거나, 어떤 식으로든 반응하지 않을 수 없습니다.

첫 번째 부활절 오후 엠마오를 향해 가던 두 제자를 생각해보십시오. 부활하신 주님이 그들과 함께 이야기를 나누었습니다. 그리고 주님이 사라지자 그 두 사람은 이렇게 말했습니다. "길에서 우리에게 말씀하시고 우리에게 성경을 풀어 주실 때에 우리 속에서 마음이 뜨겁지 아니하더냐?" (누가복음 24:32) 그 두 제자는 그날 오후에 자신들이 경험했던 느낌을 마음이 뜨거워졌다라고 표현했습니다. 두 제자의 마음을 영적으로 뜨겁게 만들었던 원인은 무엇이었습니까? 그것은 그리스도께서 그들에게 성경을 풀어주셨기 때문이었습니다!

이는 오늘날도 마찬가지입니다. 우리가 성경을 읽고 그리스도께서 성경을 우리에게 풀어주시면, 우리는 그 속에 있는 새로운 진리를 알게 되어 우리의 마음이 뜨거워지게 됩니다. F. W. 파버(Faber)는 "심오한 신학은 경건에 불을 붙이는 가장 좋은 연료이다. 심오한 신학은 쉽게 불을 지피며 한 번 붙으면 오랫동안 타오른다"라고 말합니다.[5] 지성과 감정의 진정한 결합은 하나님의 말씀을 이해하는 것에서뿐만 아니라 설교 안에서도 일어납니다. 이 점을 마틴 로이드 존스 (Martyn Lloyd-Jones) 박사보다 잘 표현한 사람은 없을 것입니다. 로이드 존스 박사는 설교에 대해 다음과 같은 놀라운 정의를 내리고 있습니다.

설교란 무엇인가? 그것은 불붙은 논리이다! 웅변적인 이성이다! 이것이 모순처럼 들리는가? 절대로 그렇지 않다. 진리와 연관되어 있는 이 이성은 사도 바울과 다른 사람들의 경우에서 볼 수 있듯이 매우 강력한 웅변이다. 설교는 불붙은 신학이다. 불을 붙이지 못하는 신학은 무엇이 부족한 신학이거나 적어도 신학을 잘못 이해하고 있는 것이다. 설교란 불붙은 사람을 통해 나오는 신학이다.[6]

3. 보수와 진보

오늘날 기독교는 이 시대의 문화에 길들어 있을 뿐 아니라 너무나 미국화되어 생명력을 잃어버린 채 젊은 세대들에게 배척당하고 있다. 오늘날의 교회는 이 세상의 문화적 가치관과 삶의 양식에 사로잡혀 있다. 이와 같은 교회의 아메리카 유수 (American captivity)는 미국적인 삶의 방식과 기독교적인 삶을 동일시하는 재앙을 초래했다.

현대 교회에 불필요한 두 번째 양극화는 보수와 진보에 관한 것입니다. 먼저 우리는 각각의 용어들에 대한 정의부터 내려야 합니다.

과거로부터 물려받은 유산을 보존하고 유지하려는 사람들, 즉 어떤 변화에 저항하는 사람들을 보수주의자라고 말합니다. 반면에 진보주의자란 과거로부터 물려받은 유산에 반기를 들고 급진적인 변화를 원하는 사람들이라고 할 수 있습니다.

오래전에 저는 스웨덴의 웁살라에서 열렸던 세계교회협의회 총회에 고문 자격으로 참석한 적이 있습니다. 그곳에 도착해서

저는 어느 신문에서 그곳에 참석한 사람들을 즉각 몇 가지 부류들로 분류하고 있음을 알게 되었습니다. 약간 경멸하는 투로 보수주의자나 수구주의자, 현상 유지자, 고리타분한 전통주의자 그리고 열렬히 환영하는 개혁적이고 혁명적인 진보주의자 등으로 말입니다. 이것은 매우 유감스러운 구분입니다. 균형 잡힌 그리스도인이라면 양쪽 진영 모두에 속해 있기 때문입니다.

그러면 어떤 의미에서 그리스도인들은 보수적이면서도 진보적이어야 하는지에 대해 조금 더 정확하게 정의를 내리도록 하겠습니다.

모든 그리스도인은 보수적이어야 합니다. 하나님이 그분의 계시를 보수하도록, 즉 "부탁한 것을 지키도록" 하셨기 때문입니다(디모데전서 6:20; 디모데후서 1:14). 또한 "성도에게 단번에 주신 믿음의 도를 위하여 힘써 싸우라" 하셨기 때문에 보수적이어야 합니다(유다서 3절). 교회의 임무는 새로운 복음, 새로운 신학, 새로운 윤리, 새로운 기독교들을 계속해서

만들어내는 데 있지 않고, 오직 하나의 영원한 복음을 충실히 수호하는 데 있습니다. 하나님의 자기 계시는 성자 예수 그리스도와 신약성경에 보존된 그리스도에 대한 사도들의 증거로 이미 완성된 것이며 이것은 진리나 권위에 있어서 결코 변하지 않습니다.

『연합해 성장하다』(*Growing into Union*)의 저자들은 이 점을 다음과 같이 강력하게 지적하고 있습니다.

교회의 첫 번째 임무는 복음을 있는 그대로 보수하는 것이다. 이러한 사명을 맡은 사람들을 보수주의자라기보다는 보존주의자라고 불러야 한다. 왜냐하면 보수주의란 말은 오래된 것의 고풍스러움에 중독되어 새로운 사상을 무조건적으로 거부한다는 뜻을 담고 있기 때문이다. 이것은 우리가 말하고자 하는 바가 아니다. 수구주의와 몽매주의는 그리스도인들의 사고에서 나온 악덕이지만 보존주의는 그리스도인들의 사고에서 나온 미덕이다.[1]

그러나 자신들의 보수주의를 성경적인 신학에 국한시키려고 하지 않는 사람들이 있습니다. 그들은 기질상 보수적인 사람들입니다. 그들은 정치나 사회를 보는 시각이나 자신들의 삶의 양식, 패션 스타일, 헤어 스타일, 수염 모양 등 갖가지 것들에 대해 보수적인 견해를 갖습니다. 그들은 단지 시대에 뒤떨어진 것이 아니라 콘크리트처럼 딱딱하게 굳어버린 사람들입니다. 그들은 온갖 변화를 금기시합니다. 그들은 케임브리지 대학교에서 "어떤 이유에 의한 어떤 시대의 변화든 개탄스럽기 마련이다"라는 말을 들으며 학창 시절을 보낸 귀족 같은 사람들입니다. 그런 사람들이 가장 좋아하는 표어는 이런 것입니다. "원래 있던 그대로, 지금도 그리고 앞으로도 영원히 그대로 있을지어다. 아멘!"

반면에 진보주의자란 기존의 질서에 불편한 질문을 던지는 사람들입니다. 그들은 어떤 전통이나 어떤 관습, 어떤 제도도 (그것이 아무리 오래되었다 하더라도) 신성불가침한 것으로 간주하지 않습니다. 그들은 어떤 것도 신성시되는 것을 결코 용납하지 않습니다. 오히려 그들은 과거로부터 물려받은 모든 유산을 비판적으로 철저하게 검토할 준비가 되어 있는 사람들입니다.
이들의 철두철미한 비판은 전면적인 개혁, 심지어 혁명(만일 그
사람이 그리스도인이라면 폭력에 의한 혁명은 아니라 하더라도)으로
이어지기도 합니다.

진보적인 사람들은 세상이 급격하게 변하고 있다는 사실을 잘
알고 있습니다. 이 사람들은 이런 변화에 어떤 위협을 느끼지도
않으며, 크누트 왕(영국을 정복하고 영국의 상공업 발달에 크게 기여한
덴마크 왕—옮긴이)처럼 본능적으로 행동하지도 또 변화의 상승
기류를 막으려고 하지도 않습니다. 앨빈 토플러는 "문화 충격"
이란 말의 병행어로 "미래 충격"이라는 말을 만들어냈는데,
그는 그 의미를 이렇게 정의했습니다. "미래 충격이란 빠르게
변하는 미래로 인해 방향 감각을 완전히 상실한 상태를 말한다.
미래 충격은 앞으로 가장 무서운 질병이 될 것이다."[2] 그러나
진보주의자들은 어떤 변화에도 충격을 받지 않습니다. 이
사람들은 변화를 불가피한 것으로 여기며, 변화를 환영하며,
변화에 적응하며, 심지어 변화를 이끌기도 합니다.

얼핏 보기에 보수적인 사람들과 진보적인 사람들은 서로 반대될 뿐 아니라 어떤 문제에 대해서는 극단적으로 대립할 수밖에 없는 것처럼 보이기도 합니다. 그러나 그렇지 않습니다.

비록 차원이 다르긴 하지만, 예수 그리스도는 언제나 보수주의자이면서 동시에 진보주의자였습니다. 그러나 많은 사람들이 이 사실을 제대로 이해하지 못하고 있는 것 같습니다. 성경을 대하는 그분의 태도는 분명 보수적이었습니다. 예수님은 "성경은 폐하지 못하나니"(요한복음 10:35), "내가 율법이나 선지자를 폐하러 온 줄로 생각하지 말라. 폐하러 온 것이 아니요 완전하게 하려 함이라. 진실로 너희에게 이르노니 천지가 없어지기 전에는 율법의 일점 일획도 결코 없어지지 아니하고 다 이루리라"(마태복음 5:17,18)라고 말씀하셨습니다. 예수님은 당시 유대 지도자들을 향해 그들이 구약성경을 무시하고 성경의 신적 권위에 진정으로 순종하지 않는다고 신랄하게 질타하셨던 것입니다.

그러면서도 예수님은 진보주의자였습니다. 그분은 유대교의 기성 체제를 주저하지 않고 날카롭게 비판하셨습니다. 그들이 하나님의 말씀에 충실하지 못했기 때문만이 아니라 자신들의 전통에 지나치게 집착했기 때문입니다. 예수님은 하나님의 말씀을 바로 보고 바로 순종하기 위해 수 세기 동안 전해 내려온 전통들("장로들의 유전")을 과감하게 버리셨습니다(마가복음 7:1-13). 또한 예수님은 사회적 인습을 폐지하는 데도 거침없으셨습니다. 그분은 일반적으로 멸시를 받던 계층들에 관심을 가지셨습니다. 그분은 당시에는 허용되지 않았던 여인들과의 공적인 대화도 서슴지 않으셨으며, 또 어린아이들을 가까이 하셨습니다. 당시 로마 사회에서 원하지 않는 아이는 버려도 되는 하찮은 존재였고, 그분의 제자들도 어린아이를 예수님의 사역에 성가신 존재로 여겼습니다. 그분은 몸을 파는 여자들이 자신의 몸을 만지는 것을 그냥 두셨습니다(이는 바리새인들이 기겁하는 일이었습니다). 그분은 또 접촉해서는 안 될 한센병 환자들을 만지셨습니다(바리새인들은 그들이 가까이 오는 것을 막기 위해 돌을 던졌습니다). 예수님은 여러 방식으로 인간의 관습을 거부하고 오직 하나님의 말씀에 그분의 마음과 양심을 매어 두셨습니다.

이처럼 예수님은 성경에 대해서는 보수적이면서도, 다른 것들을 (성경적으로) 철저하게 비평하는 데 있어서는 급진적이 되심으로 보수와 진보를 독특하게 결합시키셨습니다.

예수님이 말씀하신 대로 제자는 스승보다 낫지 않습니다. 예수님이 진보와 보수를 결합하셨다면 그분을 따르는 우리도 그렇게 할 수 있어야 합니다. 아니, 그분에게 충성하려고 한다면 반드시 그렇게 해야 합니다. 저는 교회에 더 많은 "RC"들이 생겨나길 바랍니다. 여기서 RC란 로마 가톨릭 신자들(Roman Catholics)이 아니라 급진적 보수주의자들(Radical Conservatives)을 말합니다. 변화시켜야 할 것과 보수해야 할 것을 비판적으로 분별할 줄 아는 복음적인 그리스도인 말입니다.

그러면 변화시키지 말아야 할 것의 실례를 살펴보겠습니다. 성공회 교회는 교회의 동쪽 벽을 주기도문과 십계명과 사도신경으로 장식해서 사람들이 보고 읽을 수 있게 하곤 했습니다. 그런데 어느 교회의 벽에 쓰여 있던 글씨들이 퇴색되어 읽을 수 없게 되었습니다. 그래서 교회는 퇴색된

글씨들을 새로 칠하기 위해 실내 장식업자를 불렀습니다. 그리고 나중에 교회는 청구서를 받아보고서는 깜짝 놀랐습니다. 그 청구서가 다음과 같이 작성되어 있었기 때문입니다.

주기도문 새로 고치는 데 ——————— 100,000원
십계명 세 가지 새로 고치는 데 ——— 150,000원
신조 새로 만드는 데 ——————— 205,000원

하나님이 계시하신 신조나 계명들 가운데 어느 것 하나라도 바꿀 수 있는 권리를 우리는 갖고 있지 않습니다. [레이튼 포드(Leighton Ford)가 미니애폴리스에서 열린 미국 복음화 대회에서 말했듯이] "하나님은 17세기의 영어나 18세기의 찬송가, 19세기의 건축물이나 20세기의 상투적인 문구" 같은 것들에 얽매이지 않으십니다. 그분은 결코 변하지 않으시며 그분의 계시 또한 변하지 않습니다. 그러나 그분은 언제나 움직이시며 자신의 백성을 새롭고 모험으로 가득 찬 삶으로 부르시는 하나님이십니다.

나아가 우리는 성경과 문화를 더 분명하게 분별할 줄 알아야 합니다. 성경은 변하지 않는 영원한 하나님의 말씀입니다. 그러나 문화는 교회의 전통과 사회적 관습, 예술적 창조물의 혼합체일 뿐입니다. 문화가 가질 수 있는 "권위"란 기껏해야 교회와 공동체로부터 파생된 것입니다. 그것은 개혁 또는 비평으로부터 자유로울 수 없습니다. 문화는 시대나 장소에 따라 변합니다. 하나님의 말씀의 권위 아래에서 살고자 하는 그리스도인이라면 자신이 살고 있는 시대의 문화를 성경적인 잣대로 끊임없이 비판해야 합니다. 우리는 문화적 변화에 분노하거나 저항할 것이 아니라, 이런 변화가 인간의 존엄성을 더 진실되게 표현하고 우리의 창조주이신 하나님을 더 기쁘시게 하기 위해, 급진적인 변화를 제안하고 개혁하는 일에 앞장서야 합니다.

미국을 방문했을 때, 일리노이 주의 디어필드에 위치한 트리니티 복음주의 신학교에서 만났던 젊은 학생들에게 저는 깊은 인상을 받은 적이 있습니다. 각자의 배경이 천차만별이었던 그 젊은이들은 모두 성경적인 기독교에 대한 헌신, 현대 기독교에 대한 자성, 현대 사회의 주요 이슈들에 대한 성경적이며 혁신적인 적용점을 모색하는 데 한마음이었습니다. 그래서 그 젊은이들은 연구 모임과 기도 모임을 조직했습니다. 그들은 이 모임을 기독교 시민 연합(People's Christian Coalition)으로 발전시켰고, 「포스트 아메리칸」(The Post-American, 지금의 「Sojourners」의 전신인 기독교 잡지―옮긴이)이라는 잡지를 발간했습니다. 1971년 2월에 처음 발간된 이 잡지는 가시관을 쓰고 수갑을 찬 채 성조기를 걸치고 있는 예수 그리스도로 표지를 장식했습니다. 그 그림이 신성모독적이라고 비난하는 사람들도 있지만 저는 그렇게 생각하지 않습니다. 오히려 저는 그 그림이 그리스도에 대한 그들의 깊은 존경심을 잘 드러내주고 있다고 생각합니다. 그 모임의 지도자인 짐 월리스(Jim Wallis)는 그 잡지의 사설에서 다음과 같이 말했습니다.

오늘날 기독교는 이 시대의 문화에 길들어 있을 뿐 아니라 너무나 미국화되어 생명력을 잃어버린 채 젊은 세대들에게 배척당하고 있다. 오늘날의 교회는 이 세상의 문화적 가치관과 삶의 양식에 사로잡혀 있다. 이와 같은 교회의 아메리카 유수

(American captivity)는 미국적인 삶의 방식과 기독교적인 삶을 동일시하는 재앙을 초래했다.

다른 지역의 기독교도 이와 크게 다르지 않습니다. 이것은 특정 지역에만 한정된 문제가 아니라 제3세계의 교회에서 일어나고 있는 동일한 문제입니다. 유럽과 북미 교회에 의해 파송된 선교사들이 전해준 것을 기반으로 삼아 성장했던 전 세계의 기독교 교회가 이제는 자신들의 고유한 정체성을 추구하려는 움직임을 보이고 있습니다. 그러나 그들은 다음과 같은 두 가지 문화적 문제들에 직면해 있습니다. 첫 번째는 주로 아프리카의 전통 문화 또는 부족 문화와 관련되어 있습니다. 아프리카 교회의 지도자들은 아프리카의 전통적인 관습들 중 어떤 것들은 이교적인 것에 기원을 두고 있기 때문에 기독교 신앙과 사랑, 의와 양립할 수 없다고 인정합니다. 그러나 어떤 이들은 이런 전통들이 도덕적으로나 영적으로 아무런 해가 되지 않을 뿐 아니라 그리스도의 주 되심에 복종될 수 있으며 삶을 풍성케 하는 데 기여한다고 주장합니다. 두 번째는 복음과 함께 유입된 외래 문화(유럽 문화든 미국 문화든 간에)에 관한 것입니다. 이러한 문화적 침범은 많은 사람들에게 자신들의 민족적 자긍심을 모욕하는 것처럼 보였습니다. 그래서 "백인들의 종교는 물러가라" 같은 구호가 생겼던 것입니다. 물론 이런 반발은 오해에서 비롯한 것입니다. 기독교는 백인이나 다른 인종의 전유물이 아니기 때문입니다. 예수 그리스도는 어떤 차별 없이 모든 인종, 모든 나라, 모든 시대의 주(主)이십니다. 그럼에도 불구하고 기독교의 진리와 삶을 자신들의 고유한 것으로 표현하려는 시도는 아프리카인, 아시아인, 남미인에게 정당한 것입니다. 르네 빠딜라(Rene Padila)는 스위스 로잔에서 열린 세계 선교를 위한 국제 복음화 대회에서 이를 웅변적으로 호소하며 "문화 기독교"라는 이름의 기독교를 비판했습니다.

따라서 젊은 교회의 지도자들은 자신들의 전통적인 문화와 외래 문화를 구분할 수 있을 뿐 아니라 두 문화에서 무엇이 그리스도를 영화롭게 하며 무엇이 욕되게 하는지, 무엇이 가치 있는 것이며 무가치한 것인지를 구분할 줄 아는 지혜를 가져야 합니다. 또한 그들은 하나를 보존하고 다른 것은 배격할 줄 아는 용기도 가져야 합니다.

약 이천 년의 역사를 가진 유럽 기독교는 그 기간만큼 문화에 깊이 뿌리 내리고 있습니다. 우리는 루터교회, 성공회교회, 장로교회, 감독교회, 형제교회 등에 대해 의미 있는 이야기를 할 수 있습니다. 이 교회들은 역사적인 기독교의 전통적이고 문화적인 형태입니다. 여기에는 교리뿐 아니라 예배 의식이나 음악, 예배당이나 장식, 성직자와 평신도의 역할, 출판이나 홍보, 목회와 전도방법 같은 사역에 차이가 있을 수 있습니다. 그러나 이 모든 것은 성경에 의해 정기적으로, 비평적으로 평가되어야 합니다.

따라서 우리는 만약 우리가 교회나 사회에서 어떤 변화를 거부하려고 할 때, 우리가 변호하려는 것이 성경이 아니라 교회 전통이나 문화적인 유산은 아닌지 질문해야 합니다. 이는 모든 전통이 그저 전통이기 때문에 무조건 버려야 한다는 뜻이 아닙니다. 전통을 무비판적으로 배척하려는 사상은 전통이기 때문에 무조건 지켜야 한다는 사상만큼 어리석은 생각이며 때로는 위험합니다. 제가 강조하려는 것은 전통이 성경의 비평에서 제외되어서는 안 된다는 것입니다. 전통에 특별한

권한이 주어져서는 안 됩니다.

반면에 우리가 변화를 원할 때, 우리가 반대하려는 것이 성경인지 아니면 개혁되어야 할 전통인지 분명히 해야 합니다. 만약 그 전통이 성경에 명백히 어긋나는 것이라면 과감하게 폐지해야 합니다. 그것이 성경이 요구하지 않는 것이라면 최소한 비판적인 시각에서 지속적으로 관찰해야 합니다. 우리는 우리가 알고 있고 인정하는 것보다 자주, 성경에만 속하는 권위와 진리와 영원성을 우리의 문화나 습관에 부여하곤 합니다. 그렇게 하는 것이 우리들에게 안정감을 주기 때문입니다. 그런 것들이 위협을 받으면 우리도 위협을 받는다고 생각하는 것입니다. 따라서 우리는 안전하게 처신하려고 하고 열렬하게 그것들을 방어합니다.

그런가 하면 우리는 하나님의 말씀인 성경을 마치 사람들의 사사로운 의견이나 전통 같은 것으로 여겨 가볍게 취급하기도 합니다. 우리는 세속적인 세상의 반권위주의를 지나치게 수용한 나머지 하나님의 권위와 자신의 백성을 향한 하나님의 말씀의 권위까지 거부해 스스로 세속적인 그리스도인임을 증명하기도 합니다.

오늘날의 그리스도인은 이 팽팽한 줄 위를 걷도록 요청받고 있습니다. 그리스도인은 무조건 변화를 거부해서도 안 되며 변화를 무조건적으로 지지해서도 안 됩니다. 성경은 우리에게 허락된 자유를 이용해 무분별한 전통파괴주의자가 되서는 안 된다고 말하고 있으며, 교회 역사는 역사(歷史)의 하나님과 성령의 역사(役事)를 믿는 그리스도인에게 변화를 위한 변화를 좋아해서도 안 된다고 가르칩니다. 예수님이 말씀하셨듯이 "묵은 것이 좋을" 때도 있습니다(누가복음 5:39). 그것은 시간의 시련을 견뎌온 것이기 때문입니다. 우리는 또한 우리의 믿음의 선배들이 지켜온 것에 대해서도 민감해야 합니다. 우리의 믿음의 선배들은 변화에 쉽게 적응할 수 없었습니다. 그래서 그들은 변화에 의해 쉽게 상처를 받고 어려움을 겪기도 했습니다. 따라서 우리는 성경적 관점에 비추어 지혜롭게 분별해야 합니다. 그렇게 함으로써 우리가 물려받은 과거의 유산을 제대로 이해하면서 시대의 흐름에 반응할 줄 알게 됩니다. 그렇게 할 때만 우리는 교회와 사회의 모든 문화에 과감한 성경적 비판을 적용할 수 있으며, 우리가 믿는 하나님 안에서 더 나은 변화를 추구할 수 있게 됩니다.

16세기 영국 성공회의 종교개혁자들은 이 원리를 정확히 알고 있었습니다. 적어도 그들은 교회 제도에 대해 이 원리를 적용했습니다. 「공동 기도문」(*The Book of Common Prayer*)이 처음 출판될 때 '예식들에 대해: 왜 어떤 것들은 폐지해야 하고 어떤 것들은 보존해야 하는가?'라는 짧은 글이 서문에 실려 있었습니다. 이 글은 1549년 제1차 개정 기도서에 포함되어 있던 것으로 토머스 크랜머(Thomas Cranmer) 대주교가 직접 작성한 것입니다. 크랜머는 다음과 같이 말합니다.

오늘날 사람들의 생각은 너무나 다양하다. 자신들의 의식에서 조금만 벗어나도 그것이 양심상의 큰 문제인 것처럼 생각하는 사람들이 있는데 그런 사람들은 자신들의 오래된 관습에 너무 깊이 빠져 있는 것이다. 반면에 어떤 사람들은 항상 새로운 것만 좋아한 나머지 모든 것을 바꾸고 오래된 것이라면 멸시하고 혐오하려고만 한다.

1662년 기도서 개정판의 중심 원리를 설명하는 서문은 이와 유사하게 다음과 같은 글로 시작합니다.

공예배서가 최초로 편집된 이래로 두 극단 사이에서 균형을 잡는 것, 즉 변화를 완고하게 거부하는 극단과 변화를 너무 쉽게 수긍하는 극단 사이에서 균형을 잡는 것이 영국 성공회의 지혜로 여겨져 왔다.

하나님은 오늘날 우리에게 이와 동일한 지혜를 주시며 이를 교회의 사역뿐 아니라 사회·윤리·정치 영역에도 적용하는 용기를 주실 것입니다.

이를 다음과 같은 비유로 표현할 수 있을 것 같습니다. 우리는 변화를 위한 행동을 촉구하는 기독교적인 잔소리꾼들도 필요하고, 우리가 비성경적인 진리와 타협하려고 하면 여지없이 요란하게 꾸짖는 기독교적 감독관들도 필요하다고 말입니다. 잔소리꾼과 감독관이 함께 사는 것은 결코 쉬운 일이 아닙니다. 마음에 맞는 것이 거의 없기 때문입니다. 그러나 잔소리꾼은 감독관을 귀찮게 여겨서는 안 되고 감독관들도 잔소리꾼들을 업신여겨서는 안 됩니다. 이 둘은 교회에서 함께 사는 법을 배워야 하며, 양쪽 모두 서로의 임무를 절실하게 필요로 하는 하나님의 백성들에 집중함으로써 자신들의 역할을 완수하는 법을 배워야 합니다.

지금까지 저는 변화만을 추구하는 것의 위험에 대해, 그리고 어떤 변화도 거부하는 위험에 대해 이야기했습니다. 문화를 성경으로 오인하는 것과 지나치게 보수적이 되거나 전통주의자가 되는 것, 교회와 사회 속에서 하나님을 불쾌하게 함으로 우리를 즐겁게 하지 않게 하는 것들을 외면하는 것, 현상 유지를 완강하게 고집하는 것, 모든 경험 중에서 가장 불편한 경험인 변화에 완고하게 저항하는 것의 커다란 위험이 (적어도 복음적인 그리스도인들에게) 있음을 상기시키면서 이번 장을 맺으려 합니다.

4. 형식과 자유

다시 한 번 우리는 이 문제에
있어서 극단으로 치닫지 말아야 합니다.
그리스도의 교회에는 구조와 비구조, 형식과 비형식,
권위와 자발성, 독립성과 교제가 모두 필요합니다.
초대교회는 이 문제에 있어서 우리에게
건전한 모범을 보여줍니다.

지금까지 보수와 진보라는 양극화 문제를 생각해보았습니다. 이제는 형식과 자유라는 양극화를 살펴보겠습니다. 오늘날 세속적인 조직들이 도처에서 무너지고 있습니다. 제도적인 형식들에 대한 반발이 전 세계적으로 일어나고 있으며 자유와 유연함에 대한 욕구가 보편화되고 있습니다. 기독교는 세계적으로 주된 기성 조직들 중 하나로 간주되고 있기 때문에 이러한 도전에 직면하고 있는 것입니다. 아울러 이러한 도전은 외부에서만이 아니라 내부에서도 일어나고 있습니다. 많은 젊은 그리스도인들이 과거로부터 전해진 교회의 제도들을 탈피한 새롭고 탈구조적인 기독교를 요구하고 있습니다.

이러한 풍조는 특히 교회와 목회, 예배 형식, 그리고 그리스도인들과의 관계라는 세 가지 측면에서 나타나고 있습니다. 첫째, 많은 사람들이 형식에 얽매이지 않는 교회를 찾고 있습니다. 세계 여러 지역에서 전통에서 벗어나 자신들의 것을 찾으려는 사람들이 늘고 있는 것입니다. 둘째, 예배 형식에 얽매이지 않으려는 경향이 늘고 있습니다. 목사가 모든 것을 주도하지 않고 회중들이 참여하며, 오르간 대신 전기 기타를 사용하고, 오래된 예배 용어를 사용하는 대신에 새로운 용어를 쓰거나, 형식을 지양하는 대신 자유로움을 지향하며, 격식을 지양하는 대신 자발성을 지향하는 것입니다. 셋째, 많은 사람들이 이제는 교파에 매이기를 싫어하고 독립적이 되려고 합니다. 젊은이들은 과거와 연결시켜주고 현재의 다른 교회들과 묶어 주는 끈을 끊어버리려고 합니다. 그들은 어떤 교파에도 소속되지 않고 그저 "그리스도인"으로 불리길 원합니다.

이 세 가지 요구들이 상당한 설득력을 지니고 있다는 사실은 의심의 여지가 없습니다. 젊은이들은 이를 강하게 느끼고 있으며 또 자신들의 의사를 강력하게 나타내고 있습니다.

이러한 요구들은 그저 젊은이들의 한때의 무책임함이라고 일축해버릴 수 있는 것들이 아닙니다. 자유로움과 유연함, 자발성, 비조직에 관한 요구는 광범위하게 퍼져 있습니다. 전통적인 기성세대의 그리스도인들은 이를 이해하고 공감할 필요가 있습니다. 또 가능하다면 그들의 요구에 동조할 필요도 있습니다. 우리는 누구나―때때로 그랬듯이―성령을 자신의 틀 안에 가두어둘 수 있음을 인정해야 합니다. 그럼에도 불구하고 우리는 다른 측면에 대해서도 말해야 합니다. 자유는 무정부 상태와 동의어가 아니라고 말입니다. 그러면 형식과 조직에 대해 우리는 어떤 태도를 가져야 할까요?

첫 번째로, 제도적 교회에 대해 생각해보겠습니다. 그리스도인들은 각자 다른 교회 배경과 전통을 갖고 있습니다. 그러나 교회를 세우신 분이 교회를 가시적인 조직체로 의도하셨다는 사실에 대해 많은 이들은 동의할 것입니다. 물론 오직 "주님만이 자신의 백성을 아신다"는 의미에서 교회는 비가시적인 측면을 갖고 있습니다(디모데후서 2:19). 그러나 우리는 교회의 비가시성이라는 교리를 예수 그리스도께서 자신의 백성을 교회로 나타내고 알려지게 하셨음을 부인하는 데 사용해서는 안 됩니다. 교회에 입교하는 의식으로 세례를 친히 제도화하신 분은 예수님이십니다. 또한 예수님은 성만찬을 기독교적 교제의 식사로 제도화하셨습니다. 교회는 이 성만찬을 통해 세상과 불신자들과 구분되며, 지체를 권징하기도 합니다. 또한 예수님은 그분의 양 떼를 목양하기 위해 목자를 세우기도 하셨습니다. 따라서 세례가 행해지고 목양이 이루어진다면, 전통적인 용어로 성례가 행해지고 사역이 이루어지고 있다면 우리는 조직을 이루고 있는 셈입니다. 물론 그 형태가 지금까지 전해져 내려온 많은 역사적 교파들보다는 더 단순하고 더 유동적이었을 것임은 분명합니다. 그러나 그것 역시 조직입니다. 나아가 우리는 각각의 교파들에 의해 인정된 사역과 성례전(또는 교회법)의 가치에 대해서도 신중하게 논할 수 있습니다.

두 번째는 예배 형식입니다. 젊은이들의 자발적이고, 활기차며, 흥겹고, 요란한 예배가 고통스러울 때도 있지만 개인적으로 저는 이런 예배를 좋아합니다. 저는 이런 예배를 바로 옆자리에서 울리는 트럼본 소리로 인해 귀가 아플 정도였던 베이루트의 한 예배에서 경험했습니다. 우리들이 드리는 어떤 예배는 너무 형식적이고 너무 훌륭한데 생기가 없습니다. 동시에 현대적인 어떤 예배는 경건함을 완전히 상실해 우리를 괴롭게 만듭니다. 어떤 사람들은 성령이 임재하신다는 가장 큰 증거가 요란함에 있다고 생각하는 것 같습니다. 그러나 바람과 불이 성령의 상징이긴 하지만 비둘기 또한 성령의 상징입니다. 성령이 능력으로 그분의 백성에게 찾아오실 때, 때로는 적막과 경배감과 경외감을 불러일으키기도 합니다. 그의 세미한 음성에도 사람들은 살아 계신 하나님의 위엄 앞에 놀라며 머리 숙여 경배하게 됩니다. "오직 여호와는 그 성전에 계시니 온 땅은 그 앞에서 잠잠할지니라"(하박국 2:20). 물론 경건함과 형식이 언제나 병행하는 것은 아닙니다. 참되고 영적인 예배가 없는 형식적인 집회가 아름다울 수 있는가 하면, 형식이 없는 집회가 경건할 수도 있기 때문입니다. 외적인 장엄함과 내적인 경건이 결합된 그곳에서 하나님을 영화롭게 하는 예배가 이루어집니다.

세 번째는 연결됨의 원리입니다. 대부분의 그리스도인은 지역 교회에 대해 독립성을 주장하려고 합니다. 신약성경에 의하면 각각의 지역 교회는 보편적 교회의 지역적이며 가시적인 현현입니다. 그리고 보편적 교회뿐만 아니라 바로 그 지역 교회가 하나님의 성전이요 그리스도의 몸으로 일컬어지는 것입니다(지역 교회에 관해서는 고린도전서 3:16; 12:27을, 보편적 교회에 관해서는 에베소서 2:19-22; 4:4,16을 참고하십시오). 그럼에도 불구하고 지역 교회의 자율성 원리를 지나치게 주장하면 과거와 현재의 그리스도인들과의 연결을 무시할 수도 있게 됩니다. 어떤 지역 교회는 실제로 개교회주의로 나아가 시공간 속에서 존재하는 하나님의 교회를 무시하기도 했습니다.

따라서 우리는 그리스도인들, 특히 젊은 그리스도인이 잊기 쉬운 성경 진리를 환기시킬 필요가 있습니다. 우리는 지나치게 현재에만 관심을 쏟고 있지는 않습니까? 우리는 "역사는 속임수다"라는 헨리 포드(Henry Ford)의 주장을 유물처럼 따라하는 "지금의 세대"(now generation)는 아닌지요? 정말 그렇게 보일 때가 있습니다. 그렇다면 우리는 어떤 하나님을 믿고 있는 것일까요? 성경은 역사의 하나님을 말합니다. 그분은 아브라함과 이삭과 야곱과 모세와 예언자들의 하나님이시며, 예수 그리스도와 사도들과 사도 이후의 교회의 하나님이시며, 자신의 목적을 장구한 역사를 통해 이루어가시는 하나님이십니다. 하나님이 역사의 주인이시라면 우리가 어떻게 역사를 무시하고 역사에 관심을 두지 않을 수 있겠습니까? 그분은 또한 모든 교회의 하나님이십니다. 교회의 하나됨은 신성의 하나됨으로부터 나옵니다. 하나님이 한 분이시기 때문에 가족도 하나이며, 주님이 한 분이시기 때문에 소망과 세례가 하나이며, 성령이 한 분이시기 때문에 몸이 하나입니다(에베소서 4:4-6).

따라서 과거를 무시하면 안 되는 것만큼 현재도 무시해서는 안 됩니다. 실제로 그리스도인들과의 연결됨에 관한 문제는 매우 복잡합니다. 성경은 진리 없는 연합을 지지하지 않습니다. 그러나 연합 없는 진리 추구 또한 지지하지 않습니다. 독립은 정당합니다. 그러나 우리가 고백하는 공동의 신앙 안에서의 교제 또한 정당합니다.

다시 한 번 우리는 이 문제에 있어서 극단으로 치닫지 말아야 합니다. 그리스도의 교회에는 구조와 비구조, 형식과 비형식, 권위와 자발성, 독립성과 교제가 모두 필요합니다. 초대교회는 이 문제에 있어서 우리에게 건전한 모범을 보여줍니다. 우리는 오순절 직후 성령의 충만을 받은 그리스도인들이 마음을 같이하여 성전에 모이기를 힘쓰고 함께 떡을 뗐다는 사실을 읽을 수 있습니다(사도행전 2:46). 초대교회 성도들은 제도적인 교회를 무턱대고 거부하지 않았습니다. 초대교회 그리스도인들은 제도적인 교회를 복음에 따라 개혁하기 위해 힘썼습니다. 그들은 가정 집회로 성전의 형식적인 예배를 보완했습니다. 모든 지역 교회는 교회의 형식적인 예배와 가정에서의 형식에 매이지 않는 교제를 함께 시행했습니다. 예배 의식을 좋아하는 고전적이며 전통적인 교인들은 가정 예배의 자유스러움을 경험할 필요가 있으며, 활기차고 자발적인 참여를 좋아하는 젊은 그리스도인들은 형식을 중시하는 예배의 장엄함과 경외감을 체험할 필요가 있습니다. 이 둘의 결합이 매우 건강한 것입니다.

5. 복음전도와 사회참여

그러나 "복음을 전하라"는 명령이 "네 이웃을 사랑하라"는 계명을 대치한 것은 아닙니다. 또한 그 명령이 이웃 사랑을 복음전도의 관점으로만 재해석하는 것도 아닙니다. 지상명령은 이웃을 사랑하라는 계명에 새로운 기독교적인 차원, 즉 이웃에게 그리스도를 전할 의무를 추가함으로써 그 계명을 풍성하게 한 것입니다.

불필요한 네 번째 양극화는 복음전도와 사회참여에 관한 것입니다.

복음주의자들은 복음전도에 몰두하는 것을 특징으로 여겨 왔습니다. 그래서 "복음주의"(Evangelical)라는 말과 "전도에 열정적인"(Evangelistic)이라는 말이 거의 같은 의미로 이해되기도 했습니다. 복음주의자들이 복음전도를 복음주의적인 것으로 강조한 나머지 소위 "사회복음"에 반발해 온 것도 사실입니다. "사회복음"은 개인 전도를 사회 개선으로 대체한 것입니다. 우리는 19세기 복음주의자들이 실천한 사회참여에 대한 놀라운 역사를 알고 있으면서도 우리 스스로는 사회참여를 의심스러운 눈으로 보고 있었습니다. 또는 사회참여를 하면서도 자선사업 같은 일(병든 사회의 희생자들을 돌보는 일)에만 집중하며 정치(병든 사회의 근본적인 원인에 관심을 두는 일)에는 관심을 두지 않았습니다.

때때로 교회에서의 이러한 양극화가 극에 달해 복음전도에 치우치거나 사회-정치적 참여에 몰두하기도 했습니다. 전자의 예로는 소위 "지저스 피플"(Jesus People)을 들 수 있습니다. 저는 이 운동을 비판하려는 마음이 없습니다. 그저 이 운동이 악한 외부 세상을 향해 가끔씩 복음전도 집회를 여는 것 외에 일체 사회를 거부하고 자신들만의 집단을 형성했다는 것에 대해서만 주목하려고 합니다. 캐나다 연합 교회의 버넌 위샤트(Vernon Wishart) 목사는 교단의 공식 기관지인 「옵저버」(Observer)에서 지저스 피플에 대한 기사를 썼습니다. 그는 이 운동이 심각한 문화적·사회적 병폐에 대한 반발과 물질주의적 기계 문명이 야기한 "인간 정신의 황폐함을 극복하려는" 운동이라고 지적했습니다. 버넌 위샤트는 지저스 피플의 기독교적인 헌신을 다음과 같이 인정했습니다. "초대교회 사람들처럼 그들은 단순하게 살며, 사랑하며,

성경을 연구하며, 함께 떡을 떼며, 재산을 공유했다." 또한 그는 예수님과 이웃에 대한 그들의 열렬한 인격적 관계가 현 사회의 비인격화에 해독제 역할을 했다고 평가했습니다. 그러면서 동시에 그는 다음과 같은 위험도 지적했습니다. "예수님에게 돌아가자는 것이 예수님이 육신을 입고 들어오셨던 세상에서 도피하려는 필사적인 시도가 되었다. 예수의 종교가 마약처럼 현대 기계 문명으로부터의 도피처가 된 것이다." 이 마지막 문장에서 그는 매우 중요한 문제를 지적하고 있습니다. 만약 예수님이 세상을 사랑하셔서 성육신하심으로써 세상에 들어오셨다면, 그분을 따르는 자들이 세상을 등지면서 어떻게 세상을 사랑한다고 할 수 있겠습니까? 프레드릭 캐서우드 경 (Frederick Catherwood, 로이드 존스 박사의 맏사위로 유럽 의회의 부의장을 역임했다—옮긴이)은 이렇게 말했습니다.

사회를 개혁하려는 노력은 세속적인 것이 아니라 사랑이다.
사회에서 손을 떼는 것이야말로 사랑이 아니라 세속적인 것이다.[1]

이와는 정반대의 다른 극단이 세계교회협의회가 방콕에서 주최한 세계선교를 위한 복음전도 대회에서 명백히 드러나 있습니다. "오늘의 구원"이라는 주제로 열린 그 대회에서 성경에 충실하면서도 오늘날의 세계에 적실한 구원에 대한 새로운 정의가 내려질 것이라고 많은 이들이 기대했었습니다. 그러나 그 결과는 실망스러웠습니다. 준비 보고서와 대회는 구원을 사회적·경제적·정치적인 용어들로만 재정의하려고 했습니다. 물론 죄로부터의 개인적인 구원에 대해서도 언급했고, 제3세계 교회들의 독립을 위해 선교 기금을 지원하고 선교사 파송을 10년간 연장하자는 호소도 있었습니다. 그러나 그 대회는 전체적으로 교회의 참된 선교를 해방 운동과 동일시하며 선교사와 복음전도자들에 대한 에큐메니컬 진영의 관심을 보여주지 못했습니다. "우리는 경제적 정의, 정치적 자유, 문화적 갱신을 위한 투쟁을 하나님의 선교를 통한 세계의 전적인 해방의 요소라고 본다."[2]

이 두 극단 가운데 복음적인 그리스도인들이 저지르기 쉬운 실수는 후자보다는 전자에 가깝습니다. 우리는 정의를 구원으로 오해하지는 않습니다. 그러나 우리는 비기독교 사회를 향한 그리스도인의 유일한 책임이 복음전도, 즉 구원의 기쁜 소식을 선포하는 것뿐인 것처럼 말하고 행동해왔습니다. 그러나 최근에 환영할 만한 변화가 보이고 있습니다. 우리는 변명하는 자세에서 깨어나게 되었습니다. 사회적 책임을 회피한 채 "작은 윤리"(micro-ethics, 흡연, 음주, 춤 등)에만 집착하고 "거대 윤리"(macro-ethics, 인종 차별, 폭력, 가난, 환경 파괴, 정의, 자유 등)를 소홀히했던 것을 깨닫게 되었습니다. 또 그리스도인의 사회참여가 신학적으로나 윤리적으로 성경에 근거하고 있다는 인식이 점점 더 늘고 있습니다.

신학적으로 우리는 창조 교리를 재발견하게 되었습니다. 우리는 그동안 건전한 구속 교리를 갖고 있으면서도 나쁜 창조 교리를 주장하곤 했습니다. 물론, 말로는 하나님을 모든 만물의 창조주라고 고백했지만, 그것이 함축하고 있는 의미에 대해서는 외면해왔습니다. 우리는 하나님을 예배와 기도 모임 같은 종교적인 것에만 관심을 두고 있는 분처럼 생각했던 것입니다. 제 말을 오해하지 마시기 바랍니다. 물론, 하나님은 자기 백성들의 기도와 예배를 기뻐하십니다. 그러나 이제 우리는 하나님을 (성경이 묘사한 대로) 교회만이 아니라 세상에도 관심을 갖고 계신 창조주로 보게 되었습니다. 하나님은 그리스도인만이 아니라 모든 인류를 사랑하고 계시며, 그저 종교적인 문제만이 아니라 삶 전체에 관심을 두고 계신 분입니다.

윤리적으로는 이웃 사랑에 대한 의무가 회복되고 있습니다. "네 이웃을 네 몸 같이 사랑하라"는 명령 말입니다. 이 명령이 실제로 의미하는 것은 누가 우리의 이웃인지 성경이 어떻게 말하고 있느냐에 따라 결정됩니다. 우리의 이웃은 하나님에 의해 창조된 인격체인 인간입니다. 하나님은 우리의 이웃을 육체 없는 영혼으로 (이웃의 영혼만 사랑하도록) 창조하지 않으셨으며, 영혼 없는 육체로 (이웃의 육체적 행복에만 관심을 갖도록) 창조하지도 않으셨습니다. 나아가 사회로부터 분리된 영육으로 (이웃 한 개인에만 관심을 갖고 그가 속한 사회에 대해서는 무관심하도록) 창조하신 것도 아닙니다. 결코 그렇지 않습니다. 하나님은 인간을 영적이며 육체적이며 사회적인 존재로 만드셨습니다. 우리는 이웃을 "공동체 속의 영육"(a body-soul-in-community)이라고 정의할 수 있습니다. 따라서 이웃을 사랑하라는 명령을 그의 일부만을 사랑하는 것으로 제한시켜서는 안 됩니다. 우리가 하나님이 창조하신 그대로의 이웃을 사랑한다면, 이웃의 전적인 복지, 즉 그의 육체와 영혼과 사회적인 복지에 관심을 가져야 합니다. 마틴 루터 킹(Martin Luther King Jr.) 목사는 이것을 다음과 같이 잘 표현했습니다.

기독교는 천국과 세상을 동시에 다룬다. 인간의 영혼에만 관심을 표명하고 뒷골목에 전혀 관심이 없는 기독교, 그들을 질식시키는 경제적 악조건과 약자로 만드는 사회적 악조건들에 관심을 두지 않는 기독교는 무의미하다.[3]

우리는 여기에 이보다 더 심한 말, 즉 그런 기독교는 거짓된 기독교라는 말을 덧붙여야 합니다.

부활하신 우리 주 예수님이 교회로 하여금 가서 복음을 전하고 제자를 삼으라는 지상명령(Great Commission)을 주신 것은 사실입니다. 이 대위임령은 여전히 교회에 부여되어 있습니다. 그러나 "복음을 전하라"는 명령이 "네 이웃을 사랑하라"는 계명을 대치한 것은 아닙니다. 또한 그 명령이 이웃 사랑을 복음전도의 관점으로만 재해석하는 것도 아닙니다. 지상명령은 이웃을 사랑하라는 계명에 새로운 기독교적인 차원, 즉 이웃에게 그리스도를 전할 의무를 추가함으로써 그 계명을 풍성하게 한 것입니다.

복음전도와 사회참여가 둘 중 하나를 선택해야 하는 문제가 아니라는 말은 모든 그리스도인들이 이 둘을 동등하게 수행해야 한다는 뜻이 아닙니다. 그것은 불가능합니다. 우리는 하나님이 우리 각자에게 다른 사명을 주셨으며 그 사명에 맞는 은사를 주셨다는 사실을 인식할 필요가 있습니다. 모든 그리스도인들은 기회가 되는 대로 이웃을 사랑하고 섬겨야 할 책임이 있습니다. 그러나 이것은 각자가 받은 소명과 은사에 따라 가난한 자를 돌본다든지, 병든 자를 간호한다든지, 개인 전도를 한다든지, 가정에 복음을 전한다든지, 지방이나 국가 정책에 참여한다든지, 지역 공동체에 봉사한다든지, 인종 문제나 가르치는 일이나 여러 자선 활동에 참여한다든지 하는 한 가지 일에 집중하는 것을 금하는 것은 아닙니다.

모든 그리스도인들은 하나님이 자신을 어디로 부르셨으며 어떤 은사를 주셨는지 발견해야 하지만, 지역 교회 전체 또한 지역 사회 전체에 관심을 가져야 합니다. 이것에 원칙적으로 동의한다면 동일한 관심을 공유한 그리스도인 개개인들은 연구와 활동이 병행되는—연구 없는 활동이나 활동이 따르지 않는 연구가 아니라 둘이 결합된—모임을 이룰 수 있도록 장려되어야 합니다. 그리고 이런 책임감 있는 모임은 어떤 문제를 해결하기 위해 기도하는 마음으로 힘써 고민해야 합니다. 어떤 모임은 아직 그리스도인들이 거주하지 않는 개발 지역이나 지역 사회의 특정 구역, 예를 들면 주거 단지나 교도소 같은 곳이나 학업을 중단한 학생들을 대상으로 하는 전도에 관심을 가질 수도 있습니다. 또 다른 모임은 이민자들이나 인종 문제, 빈민가나 주택난에 관한 문제, 양로원이나 병원, 독거 노인이나 독신자들, 낙태수술을 하는 의료 기관이나 성인용품 상점 같은 곳에 관심을 가질 수도 있습니다. 이런 예들은 끝도 없습니다. 이런 식으로 지역 교회 지체들이 각자의 관심과 소명, 은사에 따라 교회의 복음전도와 사회적 책임을 담당하면 지역 사회에서 건설적인 일들을 많이 할 수 있을 것입니다. 교회의 사회적 책임과 복음전도의 이중 책임을 비서트 후푸트(W. A. Visser 't Hooft) 박사만큼 재치 있게 지적한 사람은 없을 것입니다. 세계교회협의회의 총무였던 그는 다음과 같이 말했습니다.

우리는 개인의 삶 속에서 하나님이 행하시는 구원 사역과 본질적으로 관련 있는 복음에 대한 수직적 해석과, 세상 속에서 발생하는 인간 관계와 주로 관련된 수평적 해석 사이의 커다란 간극 사이에서, 한 극단에서 다른 극단으로 치닫는 원시적인 동요에서 탈피해야 한다. 수직적 차원을 상실한 기독교는 소금의 역할을 잃어버려 아무런 맛도 내지 못할 뿐 아니라 어디에도 쓸 데가 없다. 그러나 수직적 관심을 인간의 일상 속에서 그리고 그러한 삶에 대해서 책임을 회피하는 수단으로 사용하는 기독교는 성육신, 즉 그리스도 안에서 선언된 세상을 향한 하나님의 사랑을 부인하는 것이다. 세상의 도처에 있는 굶주린 사람들에 대한 자신의 책임을 부인하는 그리스도인들은 신앙의 이러저러한 조목들을 부인하는 이단과 다르지 않다.

지금까지 저는 성경적으로 균형 잡힌 기독교에 대해 이야기
했습니다. 특히 복음적인 그리스도인들이 기독교의 일반적
현상인 양극화를 피할 것을 호소했습니다.

우리는 진리만큼 우리의 마음을 뜨겁게 하는 것이 없다는
사실을 기억하며, 지성과 감성 모두를 강조해야 합니다.
또 보수와 진보를 동시에 강조하며, 성경을 보수하되 성경으로
문화를 평가할 줄도 알아야 합니다. 또한 서로를 보완해주는
형식과 자유를 동시에 강조해야 합니다. 마지막으로 복음전도와
사회참여 모두를 강조하되, 둘 중 어떤 것으로 반대편을
대치하거나 회피하기 위한 구실이나 핑계로 삼아서는 안 됩니다.
두 가지 모두 하나님이 자신의 백성들로 지금도 부르고 계신
우리의 이웃에 대한 진정한 사랑의 표현으로서 독자적인
가치가 있기 때문입니다.

최소한 위의 네 가지(이것이 다는 아니지만) 영역에 있어서 우리는
"이것 아니면 저것"을 "이것과 저것을 모두 다"로 성숙하게
대치시킬 훌륭한 성경적 근거를 갖게 되었습니다. 우리는

우리의 발을 굳게 그리고 동시에 양쪽 모두에 딛고 서 있어야 합니다. 어느 한편에 치우치지 않도록 말입니다.

주

1. 일치, 자유, 사랑

1) *Memoirs of the Life of the Rev. Charles Simeon*, ed. William Carus (1847), p. 600.

2. 지성과 감성

1) 그리스도인의 지성 활용이란 주제를 나는 『그리스도인의 사고 활용과 성숙』(*Your Mind Matter*, IVP 역간)에서 조금 더 길게 다루었습니다.
2) R. W. Burtner, R. E. Chiles in *A Compend of Wesley's Theology* (1954), p. 26.
3) Alvin Toffler, *Future Shock* (1971), p. 331. 『미래의 충격』(범우사 역간).
4) Pamela Hansford Johnson, *On Inquiry* (1967), pp. 18, 24.
5) Ralph G. Turnbull in *A Minister's Obstacles* (1946), p. 97.
6) D. Martin Lloyd-Jones, *Preaching and Preachers* (1971), p. 97 『설교와 설교자』(복있는 사람 역간).

3. 보수와 진보

1) Colin Buchanan, E. L. Mascall, J. I. Packer, Willesden, *Growing into Union* (1970), p. 103.
2) Toffler, *Future Shock*, p. 19.

5. 복음전도와 사회참여

1) Sir Frederick Catherwood, "Reform or Revolution?" in *Is Revolution Change?* ed. Brian Griffiths (1972), p. 35. 『혁명만이 변화인가』(IVP 역간).
2) *Bangkok Assembly* (1973), p. 89.
3) Coretta King, *My Life with Martin Luther King, Jr.* (1970), p. 127.

Unity
Liberty
&
Charity

1

My concern is to draw attention to one of the great tragedies of contemporary Christendom, a tragedy which is especially apparent among those of us who are called (and indeed call ourselves) *evangelical* Christians. In a single word, this tragedy is *polarization*, but I shall need to spell out what I mean.

The background to the tragedy is our substantial agreement in historic, biblical Christianity. Our unity in the fundamentals of the Christian faith is a great and glorious thing. We believe in God the Father, infinite, personal, holy, the Creator and Sustainer of the universe. We believe in Jesus Christ, the unique God-man, in his virgin birth, incarnate life, authoritative teaching, atoning death, historical resurrection and personal return. We believe in the Holy Spirit, by whose special inspiration the Scriptures were written and by whose special grace today sinners are justified and born again, transformed into Christ's image, incorporated into the church and sent out into the world to serve. On these and other great biblical doctrines we stand firm by God's grace, and we stand together.

Nevertheless, we are not united. We separate from one another on matters of lesser importance. Some of these divisive issues are theological; others are temperamental. Theologically, for example, we may disagree on the precise relation between divine sovereignty and human responsibility; on the order and pastoral ministry of the church (whether it should be episcopal, presbyterian or independent), and on how far evangelical Christians may involve themselves in a "mixed" denomination without compromising themselves and their faith; on church-state relations; on who qualifies for baptism and on the volume of water to be used; on how to interpret prophecy; and on which spiritual gifts are available today and which are the most important. These are some of the issues on which equally devout and equally biblical Christians disagree. They belong to the category the reformers called the *adiaphora*, matters "indifferent." And in these, although we shall wish to continue arguing our own conviction from Scripture according to the light we have so far been given, we should not try to press our position dogmatically on other Christian consciences, but give each other liberty in mutual love and respect. One cannot do better than quote the famous epigram attributed to a certain

Rupert Meldenius and quoted by Richard Baxter:

> In essentials unity,
> In non-essentials liberty,
> In all things charity.

We are also divided from one another temperamentally. We sometimes forget that our God loves diversity and that he has created a rich profusion of human types, temperaments and personalities. Moreover, our temperament has more influence on our theology than we often realize or concede! Although our apprehension of biblical truth depends on the illumination of the Holy Spirit, it is inevitably colored by the kind of person we are, the age in which we live and the culture to which we belong. Some of us by disposition and upbringing are more intellectual than emotional, others more emotional than intellectual. Again, many people's natural habit of mind is conservative (they detest change and feel threatened by it) while others are by nature rebels against tradition (they detest monotony and find change very congenial). Such issues as these arise from basic temperamental differences. But we should not allow our temperament to control us. Rather, we should not allow Scripture to judge our natural temperamental inclinations. Otherwise we shall lose our Christian equilibrium.

The title of this essay is *Balanced Christianity*, for one of the greatest weaknesses which we Christians (especially evangelical Christians) display is our tendency to extremism or imbalance.

It seems that there is almost no pastime the devil enjoys more than tipping Christians off balance. Although I claim neither close acquaintance with his person nor inside information into his strategy, I guess that this is one of his favorite hobbies. My conviction is that we should love balance as much as the devil hates it and seek to promote it as vigorously as he seeks to destroy it.

By our "imbalance" I mean that we seem to enjoy inhabiting one or other of the polar regions of truth. If we could straddle both poles simultaneously, we would exhibit a healthy biblical balance. Instead, we tend to polarize. Like Abraham and Lot we separate from one another. We push other people over to one pole while keeping the opposite pole as our preserve.

Theologically speaking, no one in British church history has warned us more clearly of this danger than Charles Simeon, Fellow of King's College and Vicar of Holy Trinity Church in Cambridge at the beginning of the last century. Consider this imaginary conversation with the apostle Paul which he included in a letter to a friend in 1825:

> The truth is not in the middle, and not in one extreme, but in both extreme. Here are two extremes, Calvinism and Arminianism.
>
> "How do you move in reference to these, Paul? In a golden mean?"
>
> "No."
>
> "To one extreme?"

"No!"

"How then?"

"To both extremes; today I am a strong Calvinist; tomorrow a strong Arminian."

"Well, well, Paul, I see thou art beside thyself; go to Aristotle and learn the golden mean."

Simeon continues:

> But, my brother, I am unfortunate; "I formerly read Aristotle, and liked him much; I have since read Paul and caught somewhat of his strange notions, oscillating (not vacillating) from pole to pole. Sometimes I am a high Calvinist, at other times a low Arminian, so that if extremes will please you, I am your man; only remember, it is not one extreme that we are to go to, but both extremes."[1]

Simeon's words are wisdom for today. Whether our polarizations are primarily theological or temperamental, we should avoid them. Let me give you four examples of the folly of unnecessary polarization.

Intellect & Emotion

2

The first polarization concerns the intellectual and the emotional. Some Christians are so coldly intellectual that one questions whether they are warm-blooded mammals, let alone human beings, while others are so emotional that one wonders whether they have any gray matter at all.

Of the two extremes I feel bound to say that the greater danger is anti-intellectualism and a surrender to emotionalism. We see it in some evangelistic preaching, which consists of nothing but an appeal for decision with little or no proclamation of the gospel and little or no reasoning with people out of the Scriptures as the apostles did.

The same tendency is evident in the contemporary hunger for vivid, firsthand, emotional experiences, and in the enthronement of experience as the criterion of truth, whereas truth should always be the criterion of experience. I fear that this tendency is a semi-christianized legacy of secular existentialism. What seems to have filtered down into the public consciousness of Martin Heidegger's famous distinction between "authentic" and "unauthentic" existence is that we must break away from every convention and discipline and from every lifestyle imposed by these, which threaten our own personal authenticity. We must above all choose to be ourselves, and think and do only what seems authentic to us at the moment. In the light of this principle, I have heard Christian young people arguing in these terms: "I cannot be expected to believe a doctrine just because it is in Scripture, but only if it authenticates itself to me as being true. You cannot expect me to go to church or read the Bible or pray just because these are Christian duties, for I can do things only if I feel like it. And I cannot possibly love my neighbor (let alone my enemy) just because I am commanded to do these so, but only if the Holy Spirit makes a love-relationship with him authentic and real."

Alongside the current insistence on existential experience goes a distrust and a despising of the mind. The flight from reason is a marked feature of contemporary secular life, not least in the United States. Richard Hofstadter has documented it very effectively in his book *Anti-Intellectualism in American Life*. And a striking recent example of it may be found in Joe McGinniss' account of Richard Nixon's 1968 election campaign entitled *The Selling of the President 1968*. The campaign organizers were convinced that Nixon lost the election to Kennedy in 1960 because the latter had a far better television image. So they called in Marshall McLuhan to advise them on how to get Nixon to "project electronically," how to turn him from "a dry, humorless lawyer" into "a warm, animated human being." Politics, McLuhan assured them, is "only minimally a rational science." Elections, he insisted, are won not on *issues* but on *images*. "Get the voter to like the guy," and the campaign is virtually won.

It is, of course, a very serious situation when an educated nation is thus invited to surrender its political responsibility, to decline to debate the issues of the day or to make up its mind, and to vote instead by a gut reaction to candidates. But this kind of anti-intellectualism is much more serious in the Christian church. For Scripture tells us that our rationality is part of the divine image in which God has created us. He is a rational God who has made us rational beings and given us a rational revelation. To deny our rationality is therefore to deny our humanity, to become less than human beings. Scripture forbids us to behave like horses or mules which are "without understanding" and commands us instead in our understanding to be "mature" (Psalm 32:9; 1 Corinthians 14:20). Indeed, we are constantly told in the Bible that every aspect of the Christian life is impossible without the Christian use of our minds.[1]

Let me take one example, the exercise of faith. Many

imagine that faith is entirely irrational. But Scripture never sets faith and reason over against each other as incompatible. On the contrary, faith can only arise and grow within us by the use of our minds. "Those who know thy name put their trust on thee" (Psalm 9:10); their trust springs from their knowledge of the trustworthiness of God's character. Again, "Thou dost keep him in perfect peace, whose mind is stayed on thee, because he trusts in thee" (Isaiah 26:3). Here trusting in God and staying the mind on God are synonyms, and perfect peace is the result.

In the light of this biblical emphasis on the place of the mind in the Christian life, what are we to say to the modern generation of emotional anti-intellectuals? I am afraid we have to say that they are loudly proclaiming themselves to be worldly Christians. For "worldliness" is not primarily a question (as I was brought up to believe) of smoking, drinking and dancing, nor for that matter of make-up, movies and miniskirts, but of the spirit of the age. If we imbibe uncritically the mood of the world (in this case, existentialism) without first subjecting it to a rigorous biblical evaluation, we have already become worldly Christians.

"It is a fundamental principle with us," said John Wesley to an early critic, "that to renounce reason is to renounce religion, that religion and reason go hand in hand, and that all irrational religion is false religion."[2]

I feel obliged to add, however, that if anti-intellectualism is dangerous, the opposite polarization is almost equally dangerous. A dry and lifeless hyper-intellectualism, an exclusive preoccupation with orthodoxy, is not New Testament Christianity. There can be no doubt that the early Christians had been deeply stirred by their experience of Jesus Christ. If the apostles Paul could write of "the surpassing worth of knowing Christ Jesus my Lord" (Philippians 3:8) and the apostle Peter could say that Christians "rejoice with unutterable and exalted joy" (1 Peter 1:8) one can hardly accuse them of being gloomy or unfeeling.

The truth is that God has made us emotional as well as rational creatures. Not only are we warm-blooded mammals, but human beings, capable of deep feelings of love, anger, compassion, sorrow and awe. I write about this with personal conviction because it diverges somewhat from my education at an English private school. I have no wish to bite the hand that nurtured me, for I recognize how much I owe to the educational privileges I was given. Nevertheless, I find myself critical of that distinctive feature of the private school tradition known as "the stiff upper lip." Since the first external sign of deep inward emotion is often the trembling of the upper lip, to maintain a stiff one is to suppress one's emotions and to cultivate the virtues (masculine rather than feminine, Anglo-Saxon rather than Latin) of courage, fortitude and self-control. What was simply not done was for a boy to weep in public; weeping was reserved for girls and babies. Since those pre-war days, however, I have read the New Testament many times and discovered that Jesus was not ashamed to express his emotions. On two separate occasions he actually burst into tears in public, first at the graveside of a friend and then at the sight of impenitent Jerusalem. But then Jesus was not brought up in the British school system!

If it is a serious peril to deny our intellect, it is a serious peril to deny our emotions. Yet many of us are doing so. Alvin Toffler writes of some American young people who already exhibit the symptoms of what he calls "future shock." He refers to a tiny beach village in Crete whose forty or fifty caves are occupied by "runaway American troglodytes, young men and women who, for the most part, have given up any further effort to cope with the exploding high-speed complexities of life." A reporter visited them and brought them the news of the assassination of Robert F. Kennedy. Their response: silence. "No shock, no rage, no tears. Is this the new phenomenon? Running away from contemporary society and running away from emotion? I understand uninvolvement, disenchantment, even non-commitment. But where has all the feeling gone?"[3]

Pamela Hansford Johnson, who reported the sadistic horrors of the "Moors" murders, wrote that killers for gain or for gratification are "almost always lacking in what the psychologists call *affect*, that is, any capacity for entering into the feelings of others." She went on, "We are in danger of creating an Affectless Society, in which nobody cares for anyone but himself, or for anything but instant self-gratification. We demand sex without love, violence for kicks. We are encouraging the blunting of sensibility."[4]

One of the causes of our affectless society is television. For television brings into our homes, in endless succession, scenes of violence, brutality and tragedy which make such a powerful assault on our emotions that we cannot stand it. So we do one of two things. Either we get up and switch it off, or we do something far worse: We continue to let the images flash across the screen while we switch off inside. We go on viewing, but somehow we remain emotionally unmoved.

Perhaps I may give an example from my own experience, not now of television, but of a performance of Handel's *Messiah* in the Royal Albert Hall. As the oratorio reached its climax with the Hallelujah Chorus, those majestic affirmations that "the Lord God omnipotent reigneth, King of kings and Lord of lords," and the final "Amen," I confess that I was deeply stirred. When the music ended the audience broke into a great roar of applause, which was a perfectly proper way of expressing their appreciation to conductor, choir, orchestra and soloists. But then, as the applause died away, all the people began reaching for hats and coats, laughing and talking and jostling one another as they made for the exits. Is it priggish of me to say that I could not move? I had been transported into heaven, into eternity, into the presence of the great King himself. It was somehow not enough for me to clap for the *musicians*; I wanted to fall on my face and worship *God*. Am I odd to react with such profound religious emotion? Or am I right to ask what people are doing with their emotions that they can listen to an oratorio or attend a church service and remain apparently unmoved? I make no plea for *emotionalism*, for that is an artificial display, a spurious pretense. But *emotions*, genuine feelings legitimately aroused—these must be expressed, not suffocated.

What, then, is the true relation between the intellectual and the emotional? Muhammed Iqbal, the lawyer and poet who became president of the Muslim League, paved the way for a separate Pakistan and worked for a new spiritual understanding between East and West, wrote in one of his poems,

> In the West intellect is the source of life,
> In the East love is the basis of life.
> Through love intellect grows acquainted with Reality,
> And intellect gives stability to the work of love.
> Arise, and lay the foundations of a new world,
> By wedding intellect to love.

This is finely said. But intellect is not the prerogative of the West, nor love (or emotion) of the East. Some nations and races may indeed have more of the one or the other, but intellect and emotion cannot be restricted to some temperaments or some cultures. For both are part of all the humanity which God has created. Both therefore belong to an authentic human experience.

In particular, nothing sets the heart on fire like truth. Truth is not cold and dry. On the contrary, it is warm and passionate. And whenever new vistas of God's truth open up to us, we cannot just contemplate. We are stirred to respond, whether to penitence or to anger or to love or to worship. Think of the two disciples walking to Emmaus on the first Easter afternoon while the risen Lord spoke to them. When he vanished, they said to each other, "Did not our hearts burn within us while he talked to us on the road, while he opened to us the scriptures?" (Luke 24:32) They had an emotional experience all right that afternoon. They described their sensation as a burning heart. And what was the cause of their spiritual heartburn? It was Christ's opening the Scriptures to them!

It should be the same today. Whenever we read the Scripture and Christ opens it up to us so that we grasp fresh truth in it, our hearts should burn within us. As F. W. Faber once said, "Deep theology is the best fuel of devotion; it readily catches fire, and once kindled it burns long."[5]

This true combination of intellect and emotion should be apparent in the preaching as well as in the understanding of God's Word. No one has expressed this better than Martyn Lloyd-Jones, who gives this striking definition of preaching:

> What is preaching? Logic on fire! Eloquent reason! Are these contradictions? Of course they are not. Reason concerning this Truth ought to be mightily eloquent, as you see it in the case of the Apostles Paul

and others. It is theology on fire. And theology which does not take fire, I maintain, is a defective theology; or at least the man's understanding of it is defective. Preaching is theology coming through a man who is on fire.[6]

CONSERVATIVE & RADICAL

3

The second unnecessary polarization in the contemporary church is between *conservatives* and *radicals*. We must begin by defining these terms. By conservatives we are referring to people who are determined to conserve or preserve the past and are therefore resistant to change. By radicals we are referring to people who are in rebellion against what is inherited from the past and therefore are agitating for change.

In 1968, I attended as an "adviser" the Fourth Assembly of the World Council of Churches at Uppsala in Sweden. I discovered on arrival that we were all immediately categorized, especially in the newspaper which was published daily. We were either rather scornfully dismissed as conservative, reactionary, status quo, stuck-in-the-mud traditionalists, or enthusiastically embraced as reforming, revolutionary radicals! But this is a ludicrous categorization. Every balanced Christian should have a foot in both camps.

Let me now define more precisely in what sense every Christian should be both a conservative and a radical.

Every Christian should be conservative because the whole church is called by God to conserve his revelation, to "guard the deposit" (1 Timothy 6:20; 2 Timothy 1:14), to "contend for the faith which was once for all delivered to the saints"(Jude 3). The church's task is not to keep inventing new gospels, new theologies, new moralities, and new Christianities but rather to be a faithful guardian of the one and only eternal gospel. For the self-revelation of God has reached its completion in his Son Jesus Christ and in the apostolic witness to Christ preserved in the New Testament. It cannot be altered in any way, whether by addition or by modification. It is changeless in truth and authority.

The authors of the book *Growing into Union* expressed this point with forcefulness:

> The Church's first task is to keep the good news intact. It is better to speak of the habit of mind which this calling requires as "conservationist" rather than "conservative," for the latter word can easily suggest an antiquarian addiction to what is old for its own sake and an blanket resistance to new thinking, and this is not what we are talking about at all. Antiquarianism and obscurantism are vices of the Christian mind, but Conservationism is among its virtues.[1]

Some Christians, however, do not limit their conservationism to their biblical theology. For the fact is that they are conservative by temperament. They are therefore conservative in their politics and in their social outlook, in their life-style, dress-style, hair-style, beard-style and every other kind of style you care to mention! They are not just stuck in the mud; the mud has set like concrete. Change of every kind is anathema to them. They are like the English duke who during his student days at Cambridge University remarked. "Any change at any time for any reason is to be deplored!" Their favorite slogan is, "As it was in the beginning, is now and ever shall be, would without end. Amen!"

A radical, on the other hand, is someone asks awkward questions of the Establishment. He regards no tradition, no convention and no institution (however ancient) as sacrosanct. He reverences no sacred cows. On the contrary, he is prepared to subject everything inherited from the past to critical scrutiny. And his scrutiny often leads him to want thoroughgoing reform, even revolution (though not, if he is a Christian, by violence).

A radical recognizes the rapidity with which the world scene is changing today. He does not feel particularly threatened by it nor is his first instinct to behave like King Canute and try to arrest the rising tide of change. Alvin Toffler defines "future shock," the expression he invented as a parallel to "culture shock," in these terms: "Future shock is the dizzying disorientation brought on by the premature arrival of the future. It may well be the most important disease of tomorrow."[2)] But the radical is not shocked by it. Knowing that change is inevitable, he welcomes it and adjusts to it. He even sometime himself initiates it.

It appears then, at first sight, that conservatives and radicals are in opposition to one another and that we cannot help polarizing on this issue. But this is not so.

It is not sufficiently understood that our Lord Jesus Christ was at one and the same time a conservative and a radical, although in different spheres. There is no question that he was conservative in his attitude to the Scripture. "Scripture cannot be broken" (John 10:35), he said. "I have come not to abolish [the law and the prophets] but to fulfil them" (Matthew 5:17). Again, "not an iota, not a dot, will pass from the law until all is accomplished" (Matthew 5:18). One of Jesus' chief complaints against contemporary Jewish leaders concerned their disrespect for Old Testament Scripture and their lack of a true submission to its divine authority.

But Jesus may also be truly described as a radical. He was a keen, fearless critic of the Jewish Establishment, not only because of their insufficient loyalty to God's Word but also because of their exaggerated loyalty to their own human traditions. Jesus had the temerity to sweep away centuries of inherited tradition ("the traditions of the elders") in order that God's Word might again be seen and obeyed (Mark 7:1-

13). He was also daring in his breaches of social convention. He insisted on caring for those sections of the community which were normally despised. He spoke to women in public, which in his day was not done. He invited children to come to him, although in Roman society unwanted children were commonly "exposed" or dumped, and his own disciples took it for granted that he would not want to be bothered with them. He allowed prostitutes to touch him (Pharisees recoiled from them in horror) and himself actually touched an untouchable leper (Pharisees threw stones at them to make them keep their distance). In these and other ways Jesus refused to be bound by human custom; his mind and conscience were bound by God's Word alone.

Thus Jesus was unique combination of the conservative and the radical, conservative toward Scripture and radical in his scrutiny (his *biblical* scrutiny) of everything else.

Now the disciple is not above his teacher, as Jesus often said. So if Jesus could combine radicalism with conservatism so can we who claim to follow him. Indeed, we must if we would be loyal to him. There is an urgent need for more *RCs* to emerge in the church, standing now not for Roman Catholics but for Radical Conservatives, and a need for evangelical Christians to develop a more critical discernment between what may not be changed and what may and even must.

Let me give an example of what may not be changed. It was customary in former days for the Lord's Prayer, the Ten

Commandments and the Apostle's Creed to be painted on the east wall of many English churches for everybody to see and read. In one village church the lettering had faded, and a local decorator was engaged to touch up the paint where necessary. In due course, so the story goes, the church council was startled by the ambiguity of the account submitted to them. Being before the age of decimalization, it read as follow:

To repairing the Lord's Prayer⋯⋯⋯10s

To three new Commandments⋯⋯⋯12s

To making a completely new Creed⋯⋯⋯17s 6d

On the other hand, although we have no authority to alter either the creed or the commandments which God has revealed, yet (as Leighton Ford rightly said American Congress on Evangelism in Minneapolis) "God is not tied to seventeenth-century English, nor to eighteenth-century hymns, nor to nineteenth-century architecture, nor to twentieth-century clichés," nor to much else besides. Although he himself never changes, nor (one might add) does his revelation, yet he is also a God on the move, ever calling his people out to fresh and adventurous enterprises.

More particularly, we all need to discern more clearly between Scripture and culture. For Scripture is the eternal, unchanging Word of God. But culture is an amalgam of ecclesiastical tradition, social convention and artistic creativity. Whatever "authority" culture may have is derived only from church and community. It cannot claim an immunity to criticism or reform. On the contrary, culture changes from age to age and from place to place. Moreover, we Christians, who say we desire to live under the authority of God's Word, should subject our own contemporary culture to continuous biblical scrutiny. Far from resenting or resisting cultural change, we should be in the forefront of those who propose and work for its progressive modification in order to make it more truly expressive of the dignity of man and more pleasing to the God who created us.

On a recent visit to the United States I was impressed by a group of students I met at Trinity Evangelical Divinity School in Deerfield, Illinois. They had come from a variety of different backgrounds but found themselves united in their commitment to biblical Christianity, in their disenchantment with much contemporary American Christianity, and in their resolve to discover a radical application of biblical Christianity to the big issues of the day. So they coalesced into a study and prayer group out of which has grown the People's Christian Coalition, whose organ is *The Post-American*. Its first issue in February, 1971, depicted on the front cover the Lord Jesus, thorn-crowned, handcuffed and draped with the Stars and Stripes. Some thought the picture bordered on blasphemy. But I did not share this reaction. Rather it was a genuine expression of their concern for the honor of Christ. Jim Wallis voiced this in his editorial:

The offense of established religion is the proclamation

and practice of a caricature of Christianity so inculturated, domesticated and lifeless that our generation easily and naturally rejects it. We find that the American church is in captivity to the values and life-style of our culture. The American captivity of the church has resulted in the disastrous equation of the American way of life with the Christian way of life.

Exactly the same could be said of the cultural expression of Christianity in other parts of the world. It is a major problem in many churches of the Third World, which were planted by missions from Europe and North America and are now seeking their own indigenous identity. They are faced with two cultural problems. The first concerns native or tribal culture, perhaps especially in Africa. National Christian leaders recognize that whereas some traditional African customs reflect their pagan origins and are incompatible with Christian faith, love and righteousness, others not only are morally and spiritually harmless but can actually be subjected to the lordship of Christ and contribute to the enrichment of life.

The second problem concerns the alien culture (whether European or American) which all too often was imported into the Third World along with the gospel. It is partly because this cultural invasion has seemed to many an affront to their own national dignity that the cry has risen to "get rid of the white man's religion." Of cause the cry is mistaken. For Christianity belongs neither to the white man nor to any other group of men. Jesus Christ is Lord of every race, country and age without any discrimination. Nevertheless, it is right for African, Asians and Latin Americans to seek to develop their own indigenous expressions of Christian truth and life. Rene Padilla made an eloquent appeal for this at the International Congress on World Evangelization in Lausanne, when he castigated what he called "culture Christianity."

So Christian leaders of younger churches need great wisdom to discern not just between national and imported cultures but also between what in both cultures is honoring to Christ and what is dishonoring, between what is valuable and what is worthless. They also need courage to retain the one and to reject the other.

European Christianity, too, whose roots reach back nearly two thousand years, is deeply embedded in the culture of the centuries. It is not without significance that we can talk about Lutheran*ism*, Anglican*ism*, Presbyterian*ism*, Method*ism* and even Brethren*ism*. Each is a traditional or cultural form of historic Christianity. That form colors not only our doctrinal formularies, but our liturgy (or non-liturgy) and music, our church buildings and their decor, the respective roles of clergy and laity in the church, our printing and publicity, our pastoral and evangelistic methods, in fact everything we do as churches. And *all* of it should be subjected to regular, critical, biblical investigation.

So when we resist change, whether in church or society, we

need to ask whether in reality it is Scripture we are defending (as it is our custom stoutly to insist) or rather some cherished tradition of the ecclesiastical elders or of our cultural heritage. This is not to say that all traditions, simply because they are traditional, must at all costs be swept away. Uncritical iconoclasm is as stupid as uncritical conservatism, and is sometimes more dangerous. What I am emphasizing is that no tradition may be invested with a kind of diplomatic immunity to examination. No special privilege may be claimed for it.

When, on the other hand, we agitate for change, we need to be clear that it is not Scripture against which we are rebelling, but some unbiblical tradition which is therefore open to reform. If it is unbiblical in the sense of being clearly contrary to Scripture, then we should tackle it courageously and work hard for its abolition. If it is unbiblical in the sense of being not required by Scripture, then we must at least keep it under critical review.

More often than most of us know or care to admit, we invest our cultural ideas and practices with an authority, truth and timelessness which belong to Scripture alone. They form part of our security. When they are threatened, we feel threatened. So we play safe and vigorously defend them.

At other times we pay too little attention to the authority of Scripture and treat God's Word as if we can set it aside as easily as we can the opinions and traditions of men. Then we prove ourselves worldly Christians who have so thoroughly absorbed the secular world's anti-authority that we are not prepared even to live under the authority of God and of his Word by which he rules his people.

Contemporary Christians are called to walk this tightrope. We are neither to resist all change nor to agitate for total change. Further, even in matters which are open to change because Scripture gives this liberty, we are not to be mindless iconoclasts. Christians who believe in the God of history and in the activity of the Holy Spirit in past periods of church history can take no delight in change simply for change's sake. Sometimes, as Jesus said, "the old is better" (Luke 5:39) because it has stood the test of time. We must also be sensitive to the conservatism of the older generation of Christians; they cannot easily accustom themselves to change, but can more easily be hurt and disturbed by it. What we are called to is a wise discernment, informed by a biblical perspective, so that we are appreciative of the legacy of the past and responsive to the mood of the present. Only then can we apply to all culture (in church and in society) a radical biblical criticism and seek to change what under God we believe could be change for the better.

The Church of England reformers of the sixteenth century understood this principle well, at least in its application to ecclesiastical reform. In the small print at the beginning of the Book of Common Prayer there is a foreword entitled "*Of Ceremonies,* why some be abolished and some retained." It was included in the first reformed Prayer Book of 1549 and was probably composed by Archbishop Thomas Cranmer himself. He complains that: "In this our time the minds of men are do diverse that some think it is a great matter of conscience to depart from a piece of the least of their Ceremonies, the be so addicted to their old customs; and again, on the other side, some be so new-fangled that they would innovate all things and so despise the old, that nothing can like [please] them but that is new." Similarly, the *Preface*, which explains the principles governing the revision of the Prayer Book in 1662, begins, "It hath been the wisdom of the Church of England, ever since the first compiling of her Public Liturgy, to keep the mean between the two extremes, of too much stiffness in refusing, and of too much easiness in admitting, and variation from it."

May God give us this same wisdom today, and may he also give us the courage to apply it not only to ecclesiastical affairs but in the social, ethical and political arenas as well.

Perhaps I can express myself in biological terms by saying that we need both Christian gadflies to sting and harry us into action for change and also Christian watchdogs who will bark loud and long if we show any signs of compromising biblical truth. Neither gadflies nor watchdogs are easy companions to live with. Nor do they find each other's company congenial. Yet the gadflies must not sting the watchdogs, nor must the watchdogs eat up the gadflies. They must learn to coexist in God's church and to fulfill their respective roles by concentrating their attention on us, the generality of God's people, who badly need the ministry of both.

Having warned of the dangers of both too much change and too little, let me conclude this section by saying that the greater danger (at least among evangelicals) is to mistake culture for Scripture, to be too conservative and traditionalist, to be blind to those things in church and society which displease God and should therefore displease us, to dig our heels and our toes deep into the status quo and to resist firmly that most uncomfortable of all experience, *change*.

Form
&
Freedom

4

I turn now from the polarization of the conservative and the radical to that of the structured and the unstructured. Secular structures are everywhere crumbling. There is a worldwide rebellion against rigid institutional forms and a universal feeling after freedom and flexibility. The Christian church, regarded in many parts of the world as one of the major Establishment structures, cannot escape this challenge of our times. Besides, the challenge comes from inside as well as outside. Many Christian young people are calling for a new and unstructured kind of Christianity shorn of the ecclesiastical encumbrances which have been inherited from the past.

Let me spell out the three main expressions of this mood. They concern the church and its ministry, the conduct of public worship and relations with fellow Christians. It is seldom safe to generalize. Yet one may say, first, that many are looking for churches without a fixed form. Groups of Christians, now meeting in many parts of the world, are breaking away from tradition and doing their own thing in their own way.

Second, there is a desire for worship services without order, in which the minister no longer dominates everything but congregational participation in encouraged, in which the organ is replaced by the guitar and an ancient liturgy by the language of today, and in which there is more freedom less form, more spontaneity less starch. Third, there is a rejection of denominationalism and a new emphasis on independency. The younger generation is quite content to cut the cords which tie them to the past and even to other churches of the present. They want to call themselves *Christians* without any denominational label.

Without question these three demands have considerable cogency. They are strongly felt and forcefully stated. We cannot simply write them off as the crazy irresponsibilities of the young. There is a widespread quest for the free, the flexible, the spontaneous, the unstructured. The older and more traditional generation of Christians needs to understand it, to be sympathetic to it and to go along with it as far as they can. We all have to agree that the Holy Spirit can be—and sometimes has been—imprisoned in our structures and stifled by our forms.

Nevertheless, there is something to be said on the other side. Freedom is not a synonym for anarchy. What case can be made, then, for forms and structures of some kind?

First, *a structured church*. Christians come from different church backgrounds and cherish different traditions. Yet most if not all of us will agree that the Founder of the church intended it to have a visible structure. True, the church has its invisible aspect, in that only "the Lord knows those who are his" (2 Timothy 2:19). Yet we cannot take refuge in the doctrine of the true church's invisibility in order to deny that Jesus Christ meant his people to be seen and known as such. He himself instituted baptism as the rite of initiation into his church, and baptism is a public and visible drama. He also instituted his supper as the Christian fellowship meal by which the church identifies itself, excludes non-members and exercises discipline over members. Again, he appointed pastors to feed his flock. So, wherever you have baptism, the Lord's Supper and a pastorate, or, in traditional terms, a ministry and sacraments, you have a structure. It may be more simple and more flexible than in many historic denominations, but it remains a clear and definite structure. Moreover, one can strongly argue the value of having a ministry and sacraments (or ordinances) which are mutually acknowledged by different churches.

Second, *formal worship*. Speaking personally, I am all for the spontaneous, exuberant, joyful, noisy worship of the young, even if sometimes it can be painful, as I once experienced in

Beirut when my right ear was only inches from the trombone! Some of our services are far too formal, respectable and dull. At the same time, in some modern meetings the almost total loss of the dimension of reverence disturbs me. Some believers seems to assume that the chief evidence of the presence of the Holy Spirit is noise. Have we forgotten that a dove is as much as emblem of the Holy Spirit as are wind and fire? When he visits his people in power, he sometime brings quietness, silence, reverence and awe. His still small voice is heard. Men bow down in wonder before the majesty of the living God and worship: "The LORD is in his holy temple; let all the earth keep silence before him" (Habakkuk 2:20). I am not suggesting that reverence and formality invariably go together, for informal gathering can also be reverent while formal services can have dignity and beauty without a true, spiritual reverence. But where outward dignity and inward reverence are found in conjunction, the worship that is offered is greatly honoring to God.

Third, *a connectional principle*. Most of us would want to insist on at least a degree of independence for the local church. Each local church, according to the New Testament, is a local, visible manifestation of the universal church. And the *local* church, not just the universal church, is called the temple of God and the body of Christ (the local church in 1 Corinthians 3:16; 12:27, and the universal church in Ephesian 2:19-22; 4:4,16). Nevertheless, it is possible to carry this principle of the local church's autonomy too far and virtually to ignore all other Christians of the past and present. When this happens, the local church has become so self-contained as to despise the church of God in time and space.

We need therefore to remind ourselves of certain biblical truths which Christian people, especially the young, tend to forget. Are you interested only in the present? Are you the "now generation" who echo with relish the famous dictum of Henry Ford that "history is bunk"? It sometimes seems so. Then what kind of God do you believe in? For the God of the Bible is the God of history, the God of Abraham, Issac and Jacob, of Moses and the prophets, of Jesus Christ and his apostles and the post-apostolic church, working out his purposes across the centuries. If God is the Lord of history, how can we ignore history or take no interest in it? He is also God of the whole church. The unity of the church derives from the unity of the Godhead. It is because there is one Father that there is only one family, because there is one Lord that there is only one faith, hope and baptism, and because there is one Spirit that there is only one body (Ephesians 4:4-6).

So, if we cannot ignore the past, we cannot ignore the present either. True, the whole question of relations with other Christians is controversial and complicated, and certainly Scripture gives us no warrant to seek or secure unity without truth. But it gives us no warrant either to seek truth without unity. Independency is right. But so it fellowship in the common faith we profess.

Once again, my plea is that we do not polarize on this issue. There is a necessary place in Christ's church for both the structured and the unstructured, both the formal and the informal, both the dignified and the spontaneous, both independency and communion.

The early church sets us a healthy example in this matter. We read that, immediately after the day of Pentecost, the Spirit-filled believers were "attending the temple together and breaking bread in their homes" (Acts 2:46). So they did not immediately reject the institutional church. They worked to reform it according to the gospel. And they supplemented the formal prayer services of the temple with their own home meetings. It seems to me that every local congregation should include in its program both the more dignified services in church and the more informal fellowship meetings in homes. The older, traditional church members who love the liturgy need to experience the freedom of home worship while the younger church members who love noise and spontaneity need to experience the dignity and reverence of formal church services. The combination is very healthy.

Evangelism & Social Action

5

The fourth unnecessary polarization concerns our Christian evangelistic and social responsibilities.

It has always been a characteristic of evangelicals to occupy themselves with evangelism—so much so that one not infrequently comes across a confusion of terms as if *evangelicals* and *evangelistic* mean the same thing. In our evangelical emphasis on evangelism we have understandably reacted against the so-called social gospel, which replaced individual salvation with social amelioration, and, despite the outstanding record of nineteenth-century evangelicals in social action, we have been suspicious of any such involvement ourselves. Or, if we have been socially active, we have tended to concentrate on good works of philanthropy (caring for the casualties of a sick society) and have steered clear of politics (concern for the underlying causes of a sick society).

Sometimes the polarization in the church has seemed complete, with some people exclusively preoccupied with evangelism and others with sociopolitical action. As an example of the first, let us consider some groups of the so called Jesus People. Now I am very far from wanting to be critical of the whole movement. Yet one of a number of hesitations I have concerns those Jesus communes which seem to have rejected society and withdrawn into their own fellowship, except for occasional evangelistic forays into the wicked world outside. Vernon Wishart, a minister of the United Church of Canada, wrote about the Jesus People in the issue of his church's official magazine *Observer*. He described the movement as "a reaction to a deep cultural and social malaise" and an attempt to "overcome a flattening of the human spirit" caused by materialistic technocracy. He was appreciative of their genuine Christian commitment: "Like the early Christians they live simply, in a loving way, studying Scripture, breaking bread together and sharing resources." And he recognized that their intensely personal relation to Jesus and to each other was an antidote to the depersonalization of modern society. At the same time he saw this danger: "Turning to Jesus' can be a desperate attempt to turn away from the world in which he is incarnate. Like drugs, a Jesus religion can be an escape from our techno-culture." In these last sentences Vernon Wishart has put his finger on the main issue. If Jesus so loved the world that he entered it by incarnation, how can his followers claim to love it by seeking to escape from it? As Sir Frederick Catherwood has written, "To try improve society is not worldliness but love. To wash your hands of society is not love but worldliness."[1]

The opposite polarization seems to have been evident at the assembly of the World Council of Churches' Commission on World Mission and Evangelism held at Bangkok in January 1973. Because it was entitled "Salvation Today," many hoped that a fresh definition of salvation would emerge which was both faithful to Scripture and relevant to the modern world. But We were disappointed. The preparatory documents and the conference itself attempted to redefine salvation in almost entirely social, economic and political terms. It is true that there were references to personal salvation from sin and that the purpose of the call for a ten year moratorium on sending missionary money and personnel to Third World churches was to help them to become self-supporting. Nevertheless, the overall impression of Bangkok is that missionary and evangelistic labors are out of favor in ecumenical circles while the real mission of the church is to identify with the liberation movements of the day. "We see the struggles for economic justice, political freedom and cultural renewal as elements in the total liberation of the world through the mission of God."[2]

Of these two extremes the characteristic evangelical fault in the former, not the latter. We are not likely to mistake justice for salvation, but we have often talked and behaved as

5. Evangelism & Social Action

if we thought our only Christian responsibility toward non-Christian society was evangelism, the proclamation of the good news of salvation. In recent years, however, there have been welcome signs of change. We have become disillusioned with the "cop-out" mentality, the tendency to opt out of social responsibility, the traditional fundamentalist obsession with "micro-ethics" (smoking, drinking and dancing) and the corresponding neglect of "macro-ethics" (race, violence, poverty, pollution, justice and freedom). There has also been among us a growing recognition of the biblical foundations, both theological and ethical, for Christian social action.

Theologically, there is a recovery of the doctrine of creation. We have tended to have a good doctrine of redemption and a bad doctrine of creation. Of course we have paid lip service to the truth that God is the Creator of all things, but we seem to have been blind to its implications. Our God has been too "religious," as if his main interests were worship services and prayer meetings attended by church members. Do not misunderstand me: God *does* take a delight in the prayers and praises of his people. But now we are beginning to see him also (as the Bible has always portrayed him) as the Creator, who is concerned for the secular world as well as the church, who loves all men and not Christians only, and who is interested in the whole of life and not merely in religion.

Ethically, there is recovery of the duty of neighbor-love; that is, of the command to love our neighbor as we love ourselves.

What this means in practice will be determined by who and what Scripture tell us our neighbor is. He is a person, a human being, created by God. And God created him neither a bodyless soul (that we should love only his soul) nor a soulless body (that we should be concerned exclusively for his physical welfare) nor even a body-soul in isolation from society (that we should only care for him as an individual and not care about his society). No. God made man a spiritual, physical and social being. As a human being our neighbor may be defined as "a body-soul-in community." Therefore the obligation to love our neighbor can never be reduced to the loving of only a bit of him. If we love our neighbor as God created him (which is God's command to us), then we shall inevitably be concerned for his total welfare, the welfare of his body, his soul and his society. Martin Luther King expressed this well: "Religion deals with both heaven and earth. Any religion that professes to be concerned with the souls of men and is not concerned with the slums that doom them, the economic conditions that strangle them, and the social conditions that cripple them, is dry-as-dust religion."[3] I think we should add that it is worse than that: It is actually a false religion.

It is true that the risen Lord Jesus left his church a Great Commission to preach, to evangelize and to make disciples. And this commission is still binding upon the church. But the commission does not supersede the commandment, as if "you shall love your neighbor" were now replaced by "You shall preach the gospel." Nor does it reinterpret neighbor-love in exclusively evangelistic terms. Instead, it enriches the commandment to love our neighbor by adding to it a new and Christian dimension, namely, the duty to make Christ known to him.

In urging that we should avoid the rather naive choice between evangelism and social action, I am not implying that every individual Christian must be equally involved in both. This would be impossible. Besides, we must recognize that God calls different people to different ministries and endows them with gifts appropriate to their calling. Certainly every Christian has the responsibility to love and serve his neighbor as the opportunity presents itself to him, but this will not inhibit him from concentrating—according to his vocation and gifts—on some particular concern, whether it be feeding the hungry, healing the sick, personal witness, home evangelism, local or national politics, community service, race relations, teaching or other good works of love.

Although every individual Christian must discover how God has called and gifted him, I venture to suggest that the local Christian church as a whole should be concerned for the local secular community as a whole. Once this is accepted in principle, individual Christians who share the same concerns would be encouraged to coalesce into study-and-action groups —not for action without prior study nor for study without consequent action, but for both. Such responsible groups would give themselves to the prayerful consideration of a particular problem with a view to taking action in tackling it. One group might be concerned about evangelism in a new housing development in which (so far as is known) no Christians live or among a particular section of the local community—a residential hostel, a prison, students, school drop-outs and so on. Another group might be burdened about immigrants and race relations, about a slum district and bad housing, about an old people's home of a hospital, about lonely old-age pensioners or single people in rented rooms, about a local abortion clinic or porno shop. The list of possibilities is almost endless. But if the members of a local congregation were to divide up the church's evangelistic and social responsibilities according to their concerns, callings and gifts, much constructive word could surely be done in the community.

I do not know any better statement of our double Christian responsibility, social and evangelistic, than that made during the Fourth Assembly of the World Council of Churches at Uppsala by W. A. Visser't Hooft, WCC former General Secretary:

> I believe that with regard to the great tension between the vertical interpretation of the Gospel as essentially concerned with God's saving action in the life of individuals and the horizontal interpretation of it as mainly concerned with human relationship in

the world, we must get out of that rather primitive oscillating movement of going from one extreme to the other. A Christianity which has lost its vertical dimension has lost its salt and is not only insipid in itself but useless for the world. But a Christianity which would use the vertical preoccupation as a means to escape from its responsibility for and in the common life of man, is as denial of the Incarnation, of God's love for the world manifested in Christ. It must become clear that church members who deny in fact their responsibility for the needy in any part of the world are just as much guilty of heresy as those who deny this or that article of the Faith.

My plea in this booklet has been for a balanced biblical Christianity, in which we avoid the common polarities of the Christian—and especially evangelicals—world.

We need to emphasize both the intellectual and the emotional, remembering that nothing sets the heart on fire like truth; both the conservative and the radical, resolved to conserve Scripture but to evaluate culture according to Scripture; both the structured and the unstructured, for each can supplement the other; and both the evangelistic and the social, for neither can be a substitute, a cloak or an excuse for the other, since each stands on its own feet as an authentic expression of that love for our neighbor to which God the Lord still calls his people.

In at least these four areas (and they are not the only ones) we have good biblical warrant to replace a rather naive *either-or* with as mature *both-and*. Let us place our feet confidently and simultaneously on both poles. Don't let us polarize!

Notes

Chapter 1

1) *Memoirs of the Life of the Rev. Charles Simeon*, ed. William Carus (1847), p. 600.

Chapter 2

1) I have developed this theme of the Christian use of the mind in *Your Mind Matters*.
2) Quoted by R. W. Burtner and R. E. Chiles in *A Compend of Wesley's Theology* (1954), p. 26.
3) Alvin Toffler, *Future Shock* (1971). p. 331.
4) Pamela Hansford Johnson, *On Inquiry* (1967), pp. 18 and 24.
5) Quote by Ralph G. Turnbull in *A Minister's Obstacles* (1946), p. 97.
6) D. Martin Lloyd-Jones, *Preaching and Preachers* (1971). p. 97.

Chapter 3

1) Colin Buchanan, E. L. Mascall, J. I. Packer and Willesden, *Growing into Union* (1970), p. 103.

2) Toffler, *Future Shock*, p. 103.

Chapter 5

1) Sir Frederick Catherwood, "Reform of Revolution?" in *Is Revolution Change?* ed. Brian Griffiths (1972), p. 35.

2) *Bangkok Assembly* (1973), p. 89.

3) Coretta King, *My Life with Martin Luther King, Jr.* (1970), p. 127.

존 스토트의 균형 잡힌 기독교

Copyright ⓒ 새물결플러스 2011

1쇄 발행 2011년 3월 7일
8쇄 발행 2024년 6월 7일

지은이　존 스토트
옮긴이　정지영
펴낸이　김요한
펴낸곳　새물결플러스

편　집　왕희광 정인철 노재현 이형일 나유영 노동래
디자인　황진주 김은경
마케팅　박성민
총　무　김명화 이성순
영　상　최정호
아카데미　차상희

홈페이지　www.holywaveplus.com
이메일　hwpbooks@hwpbooks.com
출판등록　2008년 8월 21일 제2008-24호
주　소　(우) 04114 서울시 마포구 신촌로28가길 29
전　화　02) 2652-3161
팩　스　02) 2652-3191

ISBN 978-89-94752-03-7　03230

책값은 뒤표지에 있습니다.